命を守る「人間の住処」を
6つのアプローチで堪能する入門書

# 教養としての建築

バッコ博士
構造設計一級建築士・京都大学博士（工学）・
コンクリート主任技士

かんき出版

教養としての建築　目次

## 第1章 建築とは、○○である



## 第2章 建築とは、期待外れである

# 第3章 建築とは、間違いだらけである

# 第4章 建築とは、テキトーである

# 第5章 建築とは、予想外である

第6章

# 建築とは、想像と創造である

# 第7章 建築とは、未来である

ブックデザイン 沢田幸平（happeace）
DTP 佐藤純（アスラン編集スタジオ）

# 第 1 章

# 建築とは、○○である

# 建築とは何だろう

「建築」という言葉から、あなたは何を連想するでしょうか。

ニューヨークのマンハッタンに林立する超高層ビル群、ヨーロッパの王族が築いた壮麗な宮殿、あるいは京都に建つ様々な歴史的建造物でしょうか。

もしかしたら新進気鋭の建築家がつくる奇抜なビルかもしれませんし、細部にまでこだわってつくり上げた自邸を思い浮かべた方もいるでしょう。

あなたが何を連想したかはわかりません。ただ、多くの人は、何か具体的な建物を思い浮かべたのではないでしょうか。ビルにせよ神社にせよ住宅にせよ、実際に見て、触れることができる物理的な存在。

少なくとも、建築基準法に記載されている「建築」の定義である〝建築物を新築、増築、改築又は移転すること〟を想起した方はほとんどいないはずです。

この傾向は画像検索をするとよくわかります。「建築」で検索すれば、出てくるのはほとんどが実在の建物の写真です。「建築物」ではなく「建築」で検索しているにもかかわらず。それに対し「土木」で検索すると、出てくるのは工事現場の写真が大半となります。橋やダムの写真はそれほど出てきません。それらの写真が見たければ「土木構造物」で検索する必要があります。

つまり、本来は人間の行為を表す「建築」という言葉を、知らず知らずのうちにその行為の結果である「建築物」と混同・同一視してしまっているということです。「建築」の結果にばかり目が行って、その過程が軽視されているとも言えます。

しかし、それでは「建築」のことを知っているとは言えませんし、その面白さを十分に理解することもできません。

もう少し「建築」の持つ意味について考えてみましょう。

もし将来建築士になりたい、建築関連の仕事に就きたいと思ったらどうするでしょうか。大工に弟子入りするという手もありますが、多くの人は、建築について学べる大学や専門学校を探すことになります。伝統のある大学では、工学部の学科の一つとして建築学科を設けているところが多いです。工学部ではなく、理工学部、あるいはその他の学部となっているところもあります。

しかし、中には学科としてではなく、学部として建築学部を設けている大学もあります。その学部にいくつか建築に関連する学科がぶら下がっています。これは、考えてみるとすごいことです。土木工学部や機械工学部という学部はおそらく存在しないでしょう。

つまり、「建築」とは、**一つの学部を構成できるくらい広い意味を持つ**言葉だということです。

また、工学部の中の一つの学科として考えても異質の存在です。

いくつか工学部の主要な学科名を挙げてみましょう。機械工学科、電気工学科、情報工学科、土木工学科、などなど。

気づいたでしょうか、どの学科にも「工」の字が付いています。もちろん「工」が付かない学科も探せばいくらでもありますが、大抵は現代になって新しくできた学科でしょう。「建築」の後に「工」を付けて建築工学科としているところもありますが、全体から見れば少数派です。また、建築全般ではなく、エンジニアリングに重点を置いていることが多いです。

初めて受けた建築論の講義内容をいまだに覚えています。「建築」の「け」の字も知らない10代の学生に対し、その教授は延々と「なぜ建築工学科ではなく建築学科なのか」を語っていました。1か0かで全てが決まる工学の世界ではなく、その中間の曖昧な、もっと感覚的な学問領域である、というのがその内容です。「建築」という言葉の茫漠さが感じられてきたでしょうか。

あまり「建築」の風呂敷を広げ過ぎても、一冊の本に納まりきらなくなってしまいます。そもそも、そんな大きなテーマは筆者の手に余ってしまいます。

ここらで焦点を絞るために、「建築」とは何かを一言で表しましょう。

## 「建築」とは**「強・用・美」**である。

この言葉は、古代ローマの建築家であるウィトルウィウス（Vitruvius）のものです。彼が２０００年以上前に著した、現存する最古の建築書『建築について』に記載されています。建築を学んだことのある人なら一度は耳にしたことがあるはずです。

「強・用・美」とは何なのでしょうか。

非常に単純化して言えば、「建築は重力や地震で壊れてはいけないし（強）、使いやすくて快適でないといけない（用）。また、見た目に格好よくないといけない（美）。そして、このうちどれかが欠けてもいけない」ということです。本質を突いた簡潔な表現であるため、２０００年以上経った現在でもよく言及されています。

日本は地震や台風といった自然災害の多発地域です。日本の建物はこれらの自然災害に耐えられる構造となっていなければならず、「強・用・美」の中でも「強」への意識が強いと言えます。

「強」を実現するためにどのような構造を採用するかは「建築」という行為における主要な検討項目であり、建物の形状にも大きく影響をおよぼします。そのため、建物の構造を知ることは「建築」を知ることにつながるのです。

本書は、「強・用・美」の中の「強」を担う建物の構造を通して「建築」への理解を深めてもらうことを目指して書かれています。「用・美」も建築を構成する重要な要素ではありますが、どちらも建物を形づくる「強」がなければ成り立たないからです。

「建築」に関する多くの本が「美」を担うデザインの視点から書かれていますが、「強」を担う構造を通して理解するという一風変わったアプローチを取ることで、あなたの知らない「建築」の世界が垣間見えるでしょう。

本書を読み終わったとき、あなたの常識が幾ばくか変わること、そして「建築」の見方が変わることを約束します。

# 第 2 章

# 建築とは、期待外れである

# 建築に期待しすぎていませんか

建築に期待されることとは何でしょうか。

「強」に関して言えば、人々が「安全・安心」に暮らせる空間を提供することが第一に挙げられます。

日常生活では、就寝中に床が突然抜けてしまうのではないか、散歩中に上から看板が落ちてくるのではないか、ということを心配しなくても済むこと。大型の台風や地震などの災害の発生が懸念される状況では、不安はあるかもしれないが、自分が今いる建物は災害に強いから大丈夫だ、と思えることです。

おそらく多くの人が、まずまずのレベルで実現されていると感じているのではないでしょうか。

しかし、それは勘違いかもしれません。

建物がどのような性能を目指して設計されているか、知っている人は非常に少ないでしょう。本当に想像しているような性能を、建物は有しているのでしょうか。

建物を使う側とつくる側とで、認識に大きな差があるように思われます。

本章では、いかに建築が一般の人の認識からズレた、期待外れなものであるかを紹介します。

まずは**建築に関する既成のイメージを壊す**ところから始めましょう。

# 損傷するのは大前提

建物を地震の揺れに耐えられるようにすることを「耐震」と言います。この建物は耐震性が高い、だとか、この建物は耐震建築物である、というような使われ方をします。

地震大国日本において建物の構造を考えるということは、耐震について考えるのとほとんど同じような意味となります。もちろん重力や台風に対する検討も重要な項目ではありますが、その比重は相対的に小さいです。

やはり、地震に対していかに安全な建物とするかがポイントとなります。

耐震の他にも、「耐○」という言葉はいろいろなところで使用されています。耐熱ガラスであれば通常のガラスよりも高い温度に耐えることができますし、耐火金庫であれば火事に遭っても中身は保護されます。耐水や耐風、耐圧などもありますが、どれも意味するところは同じです。

そして、無制限にどこまでも耐えられる、という意味ではないところも同じです。耐震も、どんな地震でも壊れないということを意味しません。

では、どのくらいの大きさの地震に対して壊れないようにしてあれば「耐震」と言えるのでしょうか。

地震には「標準的な大きさ」というものが存在しません。大体このくらいのマグニチュードの地震がよく起こるよね、ということはなく、マグニチュードが小さければ小さいほど発生確率は高く、逆にマグニチュードが大きければ大きいほど発生確率は低くなります。

人が感じることができないくらい小さな地震は日々発生している一方（震度1以上の地震だけで毎年1000回以上発生）、2011年の東北地方太平洋沖地震のような巨大地震は何百年、あるいは何千年に一度しか起こりません。

どの規模の地震まで耐えられるようにするかを線引きするのは、地震や建築の専門家にとっても難しい問題です。

地震による揺れの強さを表す日本独自の指標として「震度」があります。震度は0から7まであり、5と6にはそれぞれ弱と強があるため、全部で10段階の評価が可能です。

1995年の兵庫県南部地震以降、最大震度である震度7を記録した地震は現在までにすでに7回発生しています（1995年 兵庫県南部地震、2004年 新潟県中越地震、2011年 東北地方太平洋沖地震、2016年 熊本地震前震および本震、2018年 北海道胆振《いぶり》東部地震、2024年 能登半島地震）。

当然その下の震度6強や震度6弱を記録した地震であれば、その数はもっと大きくなります。

そして日本の建築基準法に定められた耐震基準では、**震度5強程度の地震に対して損傷しない**よう設計が行われます。上から2番目の震度6強ではない、そのさらに二つ下のランクである震度5強なのです。

実際に「震度5強まで損傷しないように設計しなさい」と法律に書かれているわけではありませんが、震度に置き換えると大体そのくらいになっています。

震度5強というのは、大地震ではありません。東北地方太平洋沖地震では、震央から数百km離れた関東圏においても広い範囲で震度5強を観測しています。そのくらいの地震に対して、なんとか損傷しないようにしている、これが地震大国日本の耐震基準の実情です。震度5強で損傷しないようにしているということは、震度6弱で損傷するかもしれないということです。震度6強や震度7の大地震であれば損傷する可能性は非常に高いでしょう。

大地震に対しては、**建物が損傷するのは大前提**なのです。

耐震とは言うものの、なんとも期待外れな性能です。

日本の耐震基準がどうであれ、自分の家がそのくらいの地震で損傷するのは嫌だ、もっと強い家にしたい、という人もいるでしょう。

図1 壁の量を5倍にした住宅との比較

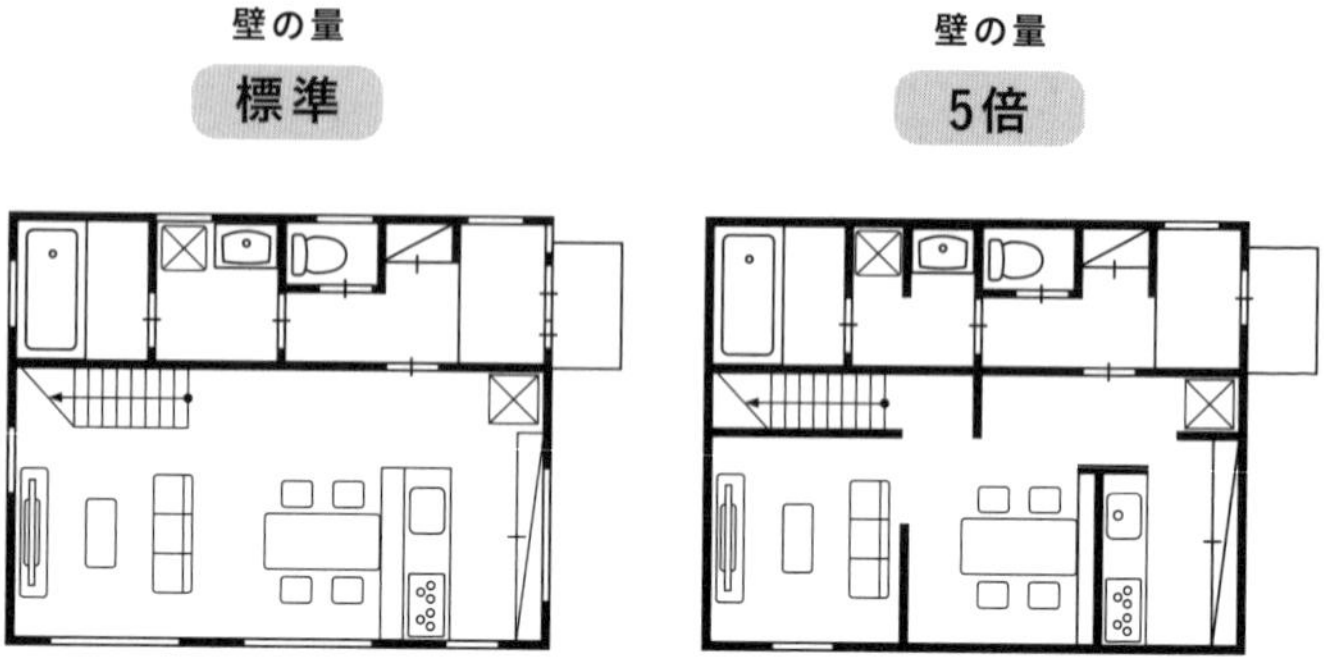


では、そんなことが可能でしょうか。

震度5強の揺れによって建物にかかる地震の力と震度7の揺れによって建物にかかる地震の力は、なんと5倍も違います。

震度とは、地面の揺れの大きさが約3倍になると値が1大きくなるように設定されています。震度5強と震度7とでは値が1・5違うため、約5倍という結果になります。つまり、大地震に対しても損傷しない建物をつくろうと思うと、建物の耐震性を5倍に高めないといけないのです。

これはあまり現実的ではありません。

もし木造で自宅を建てようと考えているのであれば、標準よりも壁の量が5倍なくてはなりません。

広いリビングはつくれず、大きな窓も取れない、なんとも魅力のない家になってしまうことでしょう。

しかし、そんなに悲観しないでいただきたいです。

「損傷」の意味をしっかりと理解することが重要です。建物が「損傷」することと、建物が「倒壊」することの間には大きな隔たりがあります。

損傷というのは、壁を留め付けている釘が少し緩んだり、壁が一部ポロポロと落ちるような状況を想定しています。一方で倒壊というのは、まさに建物がペシャンと倒れて内部空間がつぶれてしまうような状況です。

大地震に対しては、建物は損傷してしまうかもしれません。しかし、耐震性を上げれば損傷しにくくなること、そしてその先にある倒壊もしにくくなることは確かです。耐震性を5倍も高めることは難しくても、耐震性を高めておいて悪いことは何もありません。

# ひびが入るのは大前提

日本の建物は基本的に木・鉄・コンクリート、この三つのうちのどれかでつくられています。個人の住宅であれば木造、オフィスビルは鉄骨造、学校や病院は鉄筋コンクリート造が圧倒的に多いです。

建物全体としては住宅が大部分を占めるため、木造の数がもっとも多いと言えます。

しかし、木造と言っても全てが木でつくられているわけではありません。

建物と地面との境界部であり、建物の重さを地面に伝える部分である基礎は、鉄筋コンクリートでつくられています。基礎は鉄筋コンクリートでつくるよう、建築基準法で規定されているからです。そのため、木造であれ鉄骨造であれ、**ほとんど全ての建物で、鉄筋コンクリートが使用されている**ことになります。

そもそも鉄筋コンクリートとは何でしょうか。

鉄筋コンクリートは略してＲＣと呼ぶことが多いです。これはReinforced Concreteのことで、補強されたコンクリートという意味です。

コンクリートとはセメントに水・砂・砂利（粒の小さいものが砂、粒の大きいものが砂利）などを混ぜ合わせたものです。

混ぜ合わせた直後はドロドロとした液体のようなものですが、時間の経過とともに、水とセメントが水和反応と呼ばれる化学反応を起こして固まります。そのため、固まる前に型枠の中に流し込むことで自由な造形が可能となります。

上からグッと押す分には強いですが、引っ張るとすぐにパキッと割れてしまう脆い材料でもあります。

しっかりとした施工ができれば高い耐久性を発揮するため、地面と接する基礎に使用することができます。

そして、鉄筋とは表面に凹凸を付けた細い鉄の棒です。細いので押すとすぐにグニッと横に曲がってしまうものの、引っ張る分には非常に強いです。型枠の中にコンクリートを流し込む前に設置しておくことで、コンクリートが固まった後は一体化し、鉄筋コンクリートとなります。

鉄筋コンクリートは、圧縮には強いが引張には弱いコンクリートと、引張には強いが圧縮には弱い鉄筋が、相互に弱点を補いあうことで優れた性能を発揮します。そのため、19世紀に発明されて以来、世界中で広く使用されています。

あなたの身の回りにもたくさんの鉄筋コンクリート造の建物があるでしょう。普段はあまり気に留めていないでしょうが、気が向いたときにじっくりと観察してみてください。おそらく、というより**ほぼ間違いなく、ひびがたくさん入っている**ことに気が付くはずです。

もし、あなたが建てた家の基礎にひびが入っていたらどう思うでしょうか。きっと嫌な気持ちになるでしょう。場合によっては設計した建築士や、工事を手掛けた工務店に文句を言いたくなるかもしれません。

図2 鉄筋コンクリート

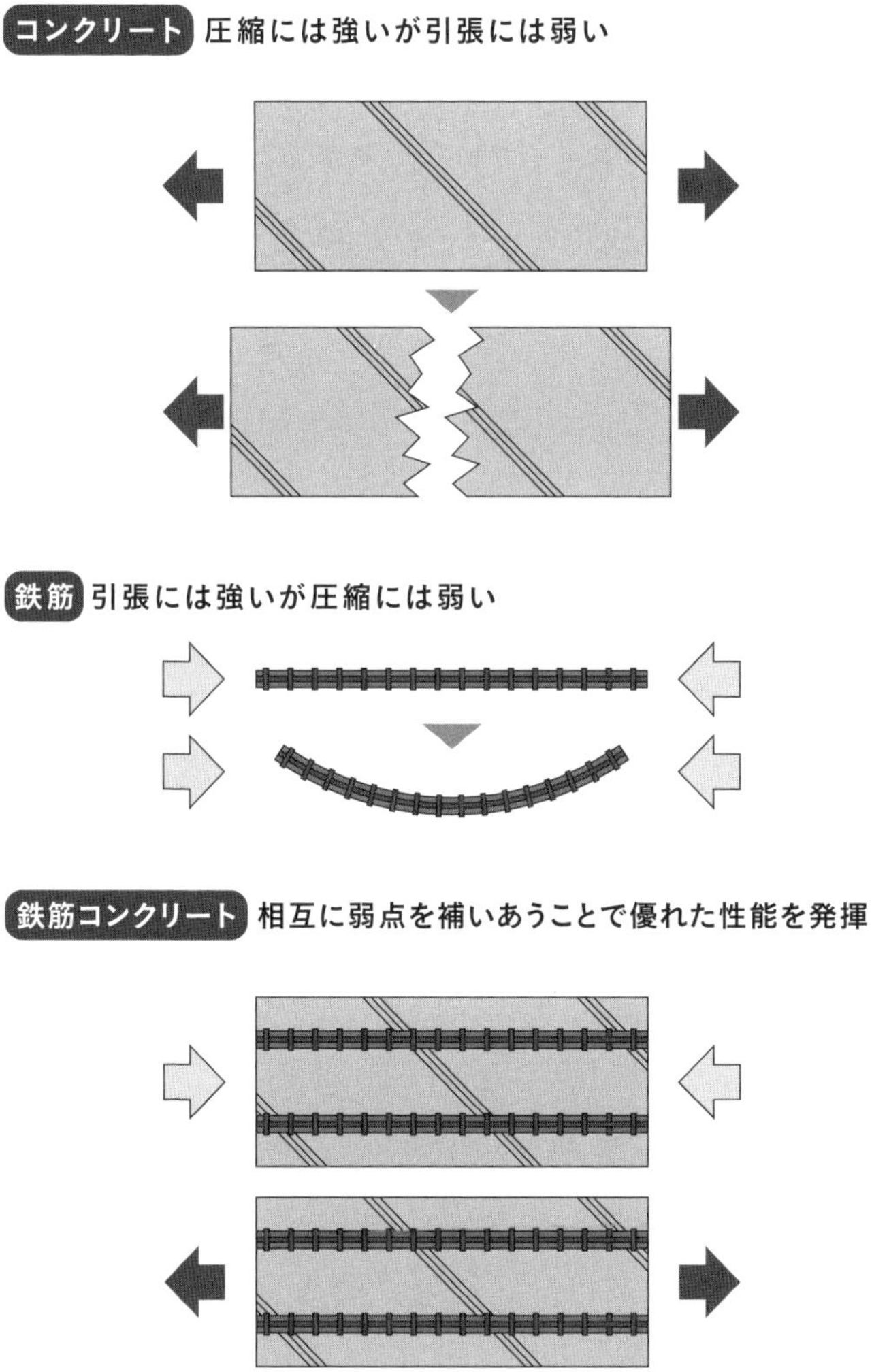
コンクリート 圧縮には強いが引張には弱い
鉄筋 引張には強いが圧縮には弱い
鉄筋コンクリート 相互に弱点を補いあうことで優れた性能を発揮

しかし、文句を言ったところで「仕方がないですね」という回答がもらえるだけでしょう。なぜなら、**コンクリートにひびが入るのは大前提**だからです。

そもそも、なぜコンクリートに鉄筋を入れて補強しなければいけないのか。それはコンクリートだけでは引っ張る力に耐えられないからです。その耐えられない分を鉄筋に負担してもらっているのです。

しかし、細い鉄筋が力を負担できるということは、ある程度鉄筋が伸びているということを意味しています。鉄筋とコンクリートとは一体化しているので、鉄筋が伸びればその周囲のコンクリートも伸びることになるわけですが、コンクリートは引張に弱いので、伸びに追従できずひび割れてしまうのです。

つまり、鉄筋を入れないといけない＝ひびが入っても仕方がない、ということです。なんとも期待外れな前提と言えるでしょう。

ひび割れがあるよりも、ひび割れがないほうがいいに決まっています。ひび割れは建物の耐久性に悪影響を与えますし、美観上も決してよいものではありません。

しかし、完全にひび割れを防ぐことは簡単ではなく、どうしてもわずかなひびは入ってしまうものなのです。ひび割れゼロを目指しても、費用対効果は低いです。それよりも、ひび割れの本数や幅を許容値内に納まるように制御することが重要です。

ひび割れとは上手に付き合うしかありません。

## 震度7は2回来ません

2016年4月14日、熊本を震央とする大きな地震が発生しました。このとき、熊本県益城町《ましきまち》では震度7の揺れが観測されました。

本章の冒頭にも書きましたが、震度の最大値は7です。それより大きな数字は今のところ設定されていません。当時、震度7が観測されたのは1995年の兵庫県南部地震、2004年の新潟県中越地震、2011年の東北地方太平洋沖地震に次いで4回目のことでした。

その約28時間後の4月16日の未明、再び熊本を震央とする大きな地震が発生しました。一度目の地震よりもさらに規模が大きく、14日の地震が前震で、こちらの地震が本震であったことが後にわかりました。益城町では再び震度7の揺れが観測されました。

同一地点で震度7が二度観測されたのは観測史上初です。建築関係者にとっても驚きでした。


それまでにも大きな地震の後には余震が続くことが知られていましたが、熊本地震以降は「余震」ではなく「同規模の地震」に注意を促すように報道のルールが変更されました。しばらく時間が経ってみるまで、それが前震なのか本震なのかがわからないからです。

何も大きな地震が複数回起こるのは熊本地震に限ったことではありません。2023年の2月にはトルコ南部とシリアとの国境付近で約9時間を空けて二度の大地震が発生し、多くの犠牲者が出ました。

同じ地域でほとんど間隔を空けずに大きな地震に複数回見舞われるというのは、決してよくあることではありません。

しかし、たまには起こりうる、ということです。

これも本章の冒頭に書きましたが、大地震によって建物が損傷するのは大前提です。そして損傷した建物は、新築の状態よりも耐震性が低下しています。

では、この損傷した状態であっても、次に起こる大地震に対して倒壊を防げるように建物は設計されているのでしょうか。

残念ながら、答えはＮＯです。

建築基準法にそんなことは規定されていないので、ほとんどの建物では検証すらしていないのが現状です。一度目の震度７には耐えられても、二度目の震度７には耐えられないかもしれません。

**法律上の想定では、震度7は2回来ない**のです。大地震で建物が損傷しても、倒壊さえしなければ人命を守ることができます。命が助かったのならよしとして、壊れた建物は次の大地震が起きるまでに修理するなり建て直すなりしておきなさい、ということです。

実際、熊本地震では二度目の揺れで倒れた建物が多かったのです。一度目の揺れよりも二度目の揺れのほうが強かったため、二度目の揺れだけでも倒れていた可能性は高いです。ただ、中には一度目で損傷してしまったがゆえに、二度目で倒壊したものもあるのではないでしょうか。

熊本地震以降、特に建築基準法が見直されるような動きはありません。多くの被害が出たとはいえ、地震の規模を考えると被害の程度が小さいからでしょう。これは年々建物の耐震性が向上しているおかげで、建築年代が新しいものほど被害は小さくなる傾向にあります。

しかし、現行の耐震基準においては、震度7が複数回起こることを想定していないことには変わりがありません。

「日本は地震の活動期に入った」というような言説もあり、今後も大きな地震が起こる可能性はあります。**大地震が二度続けて発生しないとは誰にも言えません。**

それにもかかわらず、建物が耐えられるかどうかがわからないとは期待外れです。

では、どうすればいいのでしょうか。

一番確実な方法は、これからつくる建物の耐震性を建築基準法に規定されているよりも高めてやることです。

問題はどれくらい耐震性を高めればいいのかですが、日本建築学会の元会長である竹脇《たけわき》出《いずる》らがすでに検討を行っています。

大地震に一度は耐えることができるとされる現行の耐震基準の1・5倍というのがその答えです。もちろんどんな地震が起こるかわからない以上、現行の耐震基準の1・5倍で建物をつくれば絶対に安全というわけではありません。

しかし数字で目安が与えられており、非常にわかりやすいです。

そもそも建築基準法の第一章の第一条、まさに最初の一文に〝この法律は、建築物の敷地、構造、設備及び用途に関する最低の基準を定めて〟と記載されています。法律自身が「最低限のことしか規定していませんよ」と宣言しているのです。

現行の耐震基準で満足するのか、その1・5倍、あるいはそれ以上を目指すのかは、個人の判断に委ねられています。

# 想定する地震の大きさと実際の地震の大きさ

地震に対して建物が倒壊しないように設計するにはどうすればいいか、これは簡単なように見えて実は難しい問題です。よりよい方法がないか、研究が進められています。基本的な方針としては、地震が起こると建物にはこれくらいの力が加わる、だからこの力に耐えられるように建物を設計しておけばよい、というものです。

これは無理なく理解できるでしょう。建物に加わる力≦建物が耐えられる力ならＯＫ、建物に加わる力＞建物が耐えられる力ならＮＧ、非常にシンプルです。

しかし、実際にはそううまくはいきません。結局のところ、どのくらいの大きさの地震を想定するかで、建物に加わる力の大きさが大きく変わってしまうからです。

建物に加わる力の大きさが決まりさえすれば、それよりも建物が耐えられる力が大きくなるように設計することはできます。

ただ、決定した「建物に加わる力の大きさ」がいいか悪いかは誰にも判断がつきません。小さ過ぎれば大地震時に被害が大きくなってしまいますし、大き過ぎれば建設費の増大やデザイン性の低下を招き、経済活動も停滞してしまいます。

どのような大きさにすればいいか、正解自体が存在しないのかもしれません。

そもそも、地震の大きさは何で評価すればいいのでしょうか。

マグニチュードや震度というのはよく知られた指標ではありますが、建物の設計においては基本的に使用されません。実際に建物がどのくらい揺れるかを教えてはくれないからです。

仮に**マグニチュードや震度が同じであっても、建物に生じる揺れは様々**です。

地震報道において、マグニチュードと震度以外はあまり耳にする機会はないと思いますが、稀に「加速度」について言及していることがあります。

加速度とは、物体の速度が変化する割合のことです。自動車を例に取れば、アクセルをそっとやさしく踏めば速度は緩やかに上昇するので加速度は小さい、グッと強く踏めば速度が急激に上昇するので加速度は大きい、ということになります。

ですので、地震の加速度とは、地震によって地面が動くときの速さの変化がどれくらい激しいかを表す指標となります。

日本各地に設置された地震計により、地面にどのくらいの加速度が生じているかが観測されています。地面に生じる加速度は時々刻々と変化するので、大抵は最大値にのみ言及されます。

しかし、実際のところ、加速度はあまり参考になる指標ではありません。被害がほとんど出ないような地震であっても、地面の加速度が大きくなる事例が多数知られているからです。加速度の大小を報道するのは誤解を助長しているとすら言えます。

地震という複雑な事象を一つの指標で表すことはできないのですが、現時点では**「速度」が地震の大きさを評価するためにもっとも役に立ちます**。

地震の速度とは、地震によって地面が動くときの速さがどれくらいかを表す指標です。

時速60㎞で走っている自動車と時速30㎞で走っている自動車とでは、時速60㎞で走っている自動車のほうが、事故を起こしたときに被害が大きくなりやすいのは容易に理解できるでしょう。

同じように、地面が速く動けば、それだけその地面の上に載っている建物も危険な状態になりやすくなります。実際、地震の速度は建物の被害との相関が強いことが知られています。

そのため、建物の設計時に想定する地震の大きさは、速度によって規定されていることがあります。

大地震に対する建物の安全性を計算によって確認する際、計算に用いるのは地面の最大速度が50 kine（カイン）となる地震です。このkineというのはcm／s（センチメートル毎秒）のことで、50 kineを時速に直せば1・8㎞／h（キロメートル毎時）となります。人がゆっくり歩く時の速さの、さらに半分くらいしかありません。

地震というのは意外にゆっくりとした動きであることがわかります。

では、この50 kineという値が、大地震を想定した場合の地面の速度として十分大きいのか小さいのか、過去に起こった震度7の地震と比べてみましょう。

過去7回の震度7の地震の中でもっとも速度が小さかったのが熊本地震の前震で92 kine、もっとも速度が大きかったのが兵庫県南部地震で169 kineです。どちらも50 kineを優に超えています。

**設計時に想定している地震の大きさと、実際の地震の大きさには2倍から3倍以上の開きがある**ことになります。

もちろん、設計に際しては余裕度を見込んでいます。最大速度が50 kineの地震に対して建物がギリギリ倒れるか倒れないかという設計をしているわけではなく、「ここまでであれば倒壊することはないだろう」という範囲に止まるようになっています。

しかし、余裕しゃくしゃくというわけでもありません。やはり、かなりの損傷は見込んでいます。

大地震を前に、なかなか期待外れな、残念な設定をしていると言われても仕方がない状況です。

# すぐ目の前にある建築の「限界」

科学技術は日進月歩です。日々新しい技術が開発され、我々の生活は便利に、快適になっています。建築の世界でもＡＩを活用した事例はどんどん増えていますし、これまで建築士が試行錯誤しながら行ってきた設計作業の一部をコンピュータに任せる、コンピュテーショナルデザインといった新しい設計のプロセスも生まれています。

技術の進歩を背景に、これから先も、想像を超えるような面白いビルが建てられていくことでしょう。

しかし、その分野の研究が進んだり、新しい解析技術が開発されたりすることで、逆に限界が見えてくるということもあります。華々しいプレスリリースがなされる裏で、閉塞感に苛まされている技術者もいるかもしれません。

建築の構造の分野におけるわかりやすい技術開発の例は新素材でしょう。グニャッと大きく曲げてもまた元に戻る合金、鉄の10倍強くて重さが4分の1しかない繊維、などなど。こんなに軽くて強い素材ができました、というニュースに触れれば、建物の高さの限界がこれまでの倍になるかもしれない、柱の太さが半分になるかもしれない、というような期待を抱くかもしれません。

しかし、大体どんな新素材であっても、実際に建物の形状を大きく変えたり、使い勝手が大幅に改善されたりといったことは起こりません。それはなぜでしょうか。

新素材というのは、これまでなかった新しい素材であり、特殊な配合や特殊な処理をすることで得られます。そんなものをいきなり大量に生産することは難しいからです。

しかし、建物というのは基本的に非常に大きい。自動車や電車などの乗り物も、身の回りにあるものの中ではかなり大きい部類に入るでしょうが、それでも建物と比べると一回りも二回りも小さいのです。

新素材では、そもそも建物をつくれるだけの量を用意できないということです。

また、仮に建物をつくれるだけの量を用意できたとしても、実際には使えないでしょう。新素材は基本的に高価なため、経済的な設計ができないからです。

それに対して、一般的な建築の材料であるコンクリートは驚くほど安い。コンクリートの大部分が、ただの砂・砂利・水だということを思い出していただければ、納得できるはずです。

他にも、同じく一般的な建築の材料である鉄が優秀過ぎる、という実情があります。鉄より強くて、硬くて、加工しやすくて、そして地球上に大量にある、そんなものは存在しません。金やプラチナは量が少ないからこそ貴重ですが、鉄は量が多いからこそ「貴重」なのです。

新素材が付け入る隙間はほとんどないと言ってよいでしょう。

新しい素材を開発しても、建物の中の非常に限られた部分に少しだけ利用され、それ以降二度と日の目を見ないものも多いのです。

**素材の「限界」はもう目の前**です。

別に、構造に関する技術開発は素材に限られているわけではありません。柱や壁の配置・太さ・厚さなどを工夫して、合理的でありながらこれまで見たことがないようなカタチの建物を生み出すのも構造の技術開発です。

「見たことがないようなカタチの建物」という言葉にはワクワクする響きがあるでしょう。しかし、本当にそんなものがまだ残っているのでしょうか。

コンピュータが普及するまでは、大きな紙に図を書きながら、時には数式を駆使しながら、試行錯誤を繰り返すことでまだ見ぬカタチに辿り着こうとしていました。

しかし、今ではコンピュータが、柱はできるだけ細く、壁はできるだけ薄く、かつ建築基準を満たした、もっとも合理的なカタチを数秒から数時間のうちに教えてくれます。柱や壁の組み合わせは有限ですが、人の手で全ての組み合わせの検証を行うには途方もない時間がかかります。

しかし、コンピュータにとってはそうではありません。これでは急速にカタチが消費されているようなものです。早晩、新しいカタチは枯渇してしまうでしょう。**カタチの「限界」はもう目の前**です。

もちろん、これからも構造に関する技術開発は進められていくでしょう。そしてそれはきっと、建築をよりよいものにしてくれるはずです。

しかし、それ一つで建築の世界をガラッと変えるような、一発逆転の素材やカタチが出てくる可能性は低いでしょう。むしろ、一つ一つは地味であっても、それらを丁寧に実際の建物に使えるよう落とし込んでいくことが求められています。

「建築」にはどことなく華やかな響き・雰囲気があります。しかし実際には泥臭い仕事が多い、すでに成熟した業界なのです。

キラキラとした世界が広がっているのではないか、という甘い期待をしてはいけません。きっと期待外れに終わることでしょう。

# あなたの家を設計する建築士は構造を知りません

朝起きて、なんだか右目が痛いし充血もしているな、という時、普通の人は眼科に行くでしょう。内科に行ったり、産婦人科に行ったりはしないはずです。また、足が痛ければ整形外科に行きますし、耳鳴りがするなら耳鼻科に行きます。

なぜそうするのか、それは医者には専門があるからです。

医療という広大な分野について、一人の医者が全てを網羅することは難しい。最新の知見や医療器具などについて常に知識をアップデートし続けるには、専門を絞らないととても追いつかないでしょう。

これは建築という分野についても同じです。

建築の設計業務を行うことができるのは、「建築士」と呼ばれる人たちだけです。建築士になるには、一級建築士・二級建築士・木造建築士のいずれかの国家資格が必要です。木造建築士は小さな木造の建物しか設計できませんが、二級建築士であれば鉄骨造や鉄筋コンクリート造の建物も一部設計が可能です。

一級建築士であれば、設計できる建物の規模に制限はありません。

建築には「強・用・美」という三つの要素がありますが、「強」にあたる建物の安全性に責《せめ》を負う建築士を「構造設計者」、「用」にあたる建物の機能性に責を負う建築士を「設備設計者」、そして最後の「美」にあたる建物のデザインに責を負う建築士を「意匠設計者」と呼びます。**建築士にもそれぞれ専門がある**のです。

専門にかかわらず、建築士の大半は建築学科を卒業しています。しかし、卒業論文のテーマには差があります。「強」が専門であれば鉄や鉄筋コンクリート、「用」が専門であればビルの空調やヒートアイランド現象、「美」が専門であれば建築史や都市計画などを研究していた人が多いです。

また、建築学科を卒業していない建築士もたくさんいますが、卒業している学科には少し偏りがあります。「強」が専門であれば橋やダムについて学ぶ土木系の学科、「用」が専門であれば設備機器について学ぶ電気系の学科、「美」が専門であればデザインについて学ぶ芸術系の学科を卒業した人が多いです。

建築士になるには建築士試験をパスしなければならないわけですが、建築士試験の内容は建築に関わる全ての領域を網羅しています。建築の歴史やデザイン、空調や排水などの設備、構造や材料の力学、作業現場の規定や建築関連の法律などです。

つまり、建築士であれば建築に関する一通りの知識を有しているということになります。

ただ、実務で使えるレベルの知識があるかと言えばそうではありません。大学で講義を受けたり、資格試験の過去問を解いたりしただけの、紙の上での知識です。実際に建築士として仕事をする中で学んだこと以外は、それほど深い見識があるわけではありません。場合によっては、少し詳しい一般の人と大して変わらない程度でしょう。

そのため、一つの建物を設計するには、構造設計者・設備設計者・意匠設計者、この三者が共同で作業を行う必要があります。一人の建築士が全てを担当しても法律上は問題ないのですが、全ての業務に精通している建築士は少なく、実情としては三者の分業となっています。

自身の専門外の知識もあるに越したことはないですが、最低限のことを知っていれば仕事に支障はありません。随時他の設計者と調整をしながら業務を進めることができます。

大きな建物であれば予算が相対的に大きいので、設計に複数の建築士が関与しやすくなります。

しかし、個人の住宅のような小さな建物ではそんな余裕はなく、大抵は**一人の建築士が「強・用・美」の全てを担当する**ことになります。

個人の住宅はビルなどに比べて規模が小さく、特殊な技術も必要とされないので、一人でも担当することができるのです。町の小さなクリニックが、自身の専門にかかわらずいろいろな症状の患者を受け入れるのと似ています。

クリニックに得意とする診療科目があるように、個人の住宅を手掛ける建築士にも専門がありますが、ほとんどの場合「強」や「用」ではなく「美」です。「美」を専門とする建築士でありながら、専門外の「強」や「用」についても責任を負うことになります。「強」を専門とする建築士や「用」を専門とする建築士は、デザイナーというよりエンジニアとしての側面が強く、自分一人で建物の設計を手掛けることはほとんどありません。

町の小さなクリニックで働く医者は、日々いろいろな患者を受け入れることで自分の専門外の診療科目についても経験を積んでいることでしょう。目の前に困っている患者がいれば、自分の専門じゃないなどと泣き言は言っていられません。診療に必要となれば、参考になる論文や図書を読み込むはずです。

では「美」を専門とする建築士も、クリニックの医者同様に専門外の「強」や「用」を勉強しているでしょうか。

残念ながら、とてもそうとは思えません。別に構造や設備の知識がほとんどなくても、工務店や工事業者が勝手に建物を仕上げてくれるので、勉強する必要がないからです。

つまり、**あなたの家を設計する建築士は構造のことを知らない**可能性が高い、ということです。建築士だからといって、建築についてなんでも知っていると期待してはいけません。

建築士に知識があろうとなかろうと、人が住める家が仕上がるのであれば特に問題とはならないのでしょうか。

もちろんそんなことはありません。「用」に含まれる電気配線や空調、排水といった設備に関する部分は、基本的に毎日使用するものです。そのため、不具合があればすぐに発覚します。しかし、構造に問題がないかどうかは、いざ地震が起こってみるまでわかりません。地震で自宅が倒れた後に、不具合がありました、すみません、と謝られてもなんの意味もありません。

建築士がしっかりと指示しない限りは、真に地震に強い建物にはならないのです。建築士が構造のことを知らない弊害は大きいと言えます。

個人が住宅を建てるにあたっては、目の前で打ち合わせしている建築士は「美」の専門家であって「強」の専門家ではない、ということを頭の片隅に入れておいたほうがいいでしょう。

一般的な住宅よりも耐震性を高めたいなら、「○○構造設計事務所」という看板を掲げている建築士に相談してください。

## 驚くほど低い計算の精度

物理でも化学でも数学でも、理系と呼ばれる科目ではたくさんの計算が出てきます。計算は手間であったり難解であったりするかもしれませんが、直感だけでは解けない複雑な問題にも答えを与えてくれます。

計算には、基本的に答えが一つしかありません。解き方自体は無数にある場合もありますが、どの道筋を通っても最終的に行きつくところは同じです。そのためコンピュータと相性がいい。

しかし、数学の計算と、物理や化学の計算とでは、計算の精度が違います。

数学は理想化された架空の世界を取り扱うため、誤差や曖昧さは含まれません。

一方で、物理や化学は現実の世界を取り扱うため、ある事象を計算に落とし込むにはいろいろな仮定を置く必要があります。空気抵抗は無視します、だとか、微量に含まれる成分は無視して純度100％と考えます、といった仮定です。

また、そもそもセンサーなどにより観測・計測された値自体に誤差が含まれるので、計算結果と観測結果がぴったり一致することは稀です。

ただ、物理や化学の計算においては、多少計算の結果がズレていたとしても、実用上支障がなければそれで問題ありません。

例えば、昔のカーナビは計測のズレが大きく、車道以外の変なところを走っているような表示が頻繁に起こっていましたが、道案内をするという最低限の役割はなんとか果たしていました。もちろん現在の高精度なカーナビのほうが使いやすいのは間違いないのですが、昔のカーナビもあれはあれで許容範囲内でした。

要は、計算する側と計算結果を利用する側、その両者が**計算にどれくらいの誤差が含まれているかを理解していればいい**のです。

建築の世界にも計算はたくさんあります。中でも重要な計算として「構造計算」が挙げられます。

構造計算とは、重力や地震によって建物の各部にどれくらいの力や変形が生じるかを計算し、使用上の問題や安全面での問題がないかを確認する行為です。構造設計者の主たる業務の一つです。

紙とペンと電卓を使って構造計算をしていた時代もありましたが、今やそんなことをしている構造設計者はいません。部分的な検討であれば電卓の出番もまだまだありますが、建物全体の計算を行う場合には、確実に構造計算用のプログラムを使用します。

では、どのような仮定を置いて建物のデータをプログラムに入力しているのでしょうか。まず、各部の寸法には一切の誤差がないものとします。また、使用する材料には一切のばらつきがないものとします。つまり、全てのものが図面通り、カタログ値通りにできていることとしています。

面白いのはここからです。なんと、建物が地球上ではなく、無重力の宇宙空間でつくられたと考えるのです。そして、その建物をゆっくりと地球に運んできたらどうなるか、という想定の下で構造計算は行われています。

構造設計者がそのことを意識しているかどうかは別として、データの入力上はそうなっているのです。

柱などの寸法に誤差がないとするのはわかりやすいでしょう。図面よりも柱が少しだけ長くなってしまった、床板が薄くなってしまった、ということは工事の結果としてはあり得ますが、あらかじめ想定できることではないからです。材料のばらつきについても同様です。

では無重力云々《うんぬん》というのは一体どういうことでしょうか。

建物というのは、長い時間をかけて（当然）下の階から順につくっていくのですが、どの柱をどのタイミングで設置するか、隣り合う柱と柱をどのタイミングでつなぐか、といったことで各柱が負担する力の大きさは大きく変わります。

しかし、設計時点では建物をつくる手順までは決まっていないため、その影響を考慮することができません。

また、いちいちつくる手順を考えて何度も計算を行うのは現実的ではありません。各階に柱が6本しかないとしても、その階の柱をつくる手順は720通りにもなります。もしこの建物が2階建てであれば、1階と2階を合わせて720×720通り。3階建てであれば2階建てのときのさらに720倍です。そのため、全ての手順を無視して、建物が全て出来上がった状態で1回だけ計算を行います。

構造計算では、建物がまったくできていない重さゼロの状態から、一気に建物が完成して全体の重さがかかる状態になることを考えているわけですから、それを実現しようと思えば、無重力で建物をつくり、それから地球に持ってくるしかないのです。

構造計算において、寸法に誤差がないという仮定を置くことも無重力の賜物です。建物の中で飛んだり跳ねたりしても、床や柱を目に見えるほど変形させることは通常できません。

しかし、だからと言ってまったく変形していないわけでもありません。

建物の重量が柱にかかれば、わずかながらも柱は縮んで短くなります。隅にある柱よりも中にある柱のほうが負担する重量が大きいので、縮む量も大きくなります。床を水平に

図3 柱の負担する重さ

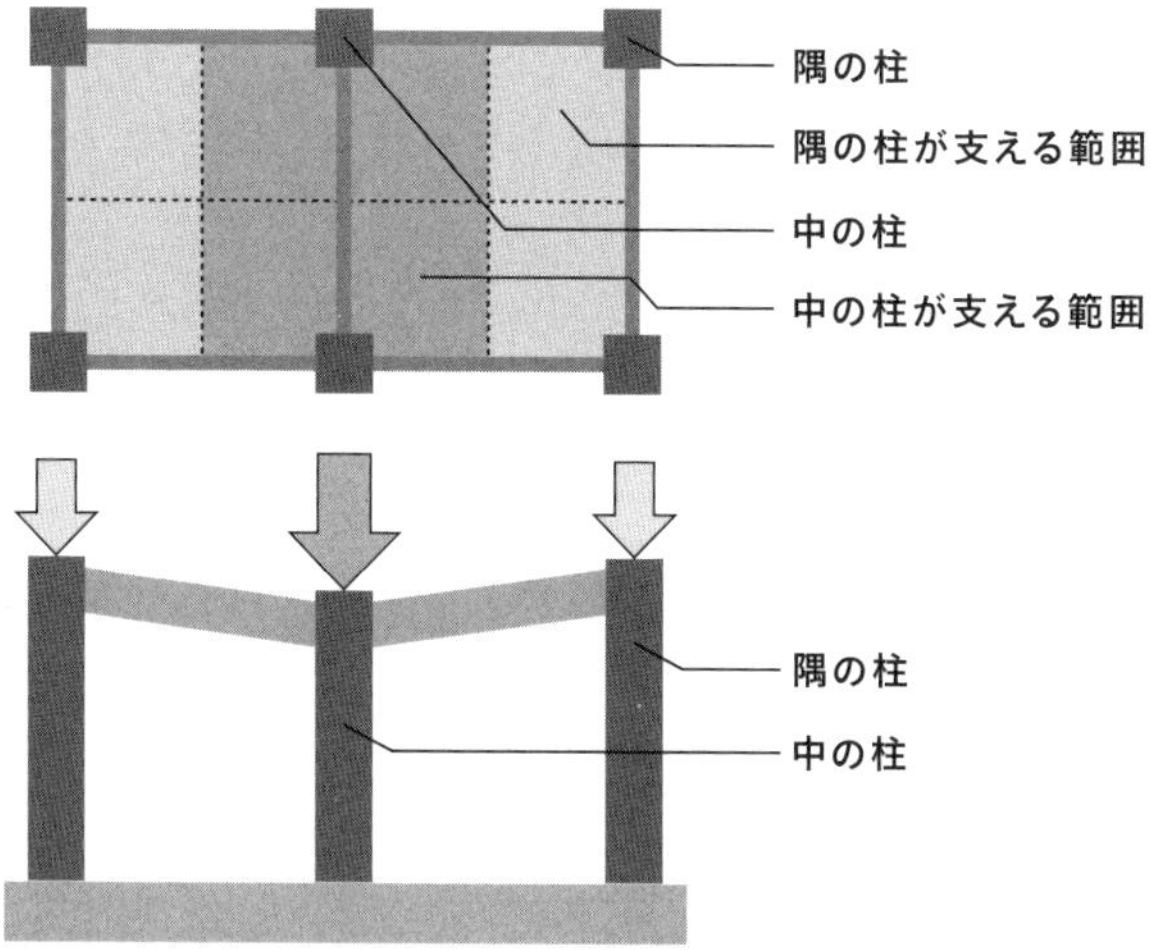


つくったつもりでも、実際には真ん中が少し下がることになるわけです。

しかし、その上の階をつくるときには、その階の床が水平になるようにつくります。下がった階に合わせてその上の階も下げてしまえば、さらにその上の階をつくったときに下がりが累積していってしまうからです。縮む量が大きいにもかかわらず床が水平になるようにつくるということは、中の柱は「本来の長さ」よりも長くなっていることになります。

工事が進むにつれて、重力によって建物自体が変形してしまうため、そもそも正しい寸法というのがよくわからなくなるのです。

構造計算というのは、こうした現実とはかけ離れた仮定を置いています。正直なところ、どれだけの誤差が含まれているか、それすらよくわからないのが実情です。

構造設計者自身が驚くほど、**計算の精度は低い**のかもしれません。計算という言葉から連想するような高い精度は期待できないでしょう。ただ、多少計算の精度が低くても問題ないよう、安全率を見込んだ設計をすることで建物はつくられています。

## 実物大の高層ビルは壊せません

日本の住宅の大半は木造です。都市部では鉄筋コンクリート造のマンションも多いですが、大きな駅から少し離れたところに行けば、木造住宅がたくさん並んでいます。

木造住宅と言っても新しいものから古いものまであり、規模や形状、間取りも様々です。多種多様な木造住宅が日本中に分布していると言えるでしょう。

それに対し、高層ビルは限られた場所にしか建てられていません。大都市圏に住んでいると日常的に目にするので当たり前になっているかもしれませんが、ほとんどない地域も多いです。

ちなみに、法的には高さ31ｍを超えると「高層建築物」、高さ60ｍを超えると「超高層建築物」となります。31ｍとは中途半端な数字ですが、１００尺（≒30・3ｍ）から来ています。

日本のどこかで大きな地震が起きれば、多くの木造住宅が強い揺れを受け、そのうちのいくつかは全壊・倒壊してしまうこともあります。地震によってこれまで数えきれないほどの木造住宅が被害を受けてきました。

被害が出てしまうのは大変残念なことではありますが、それらの被害を調査することで、木造住宅が地震によってどのように壊れるかについて、多数の知見が得られています。

しかし、高層ビルではこうした知見がほとんどありません。木造住宅と比べて建物の数が少なく、日本全国に隈なく分布しているわけでもありませんので、地震に見舞われる可能性が低いからです。

また、高層ビルの歴史自体がまだまだ浅いこともその要因です。景観を維持するためだったり、火災や地震による被害を抑えるため、以前は建物の高さに100尺の制限がかけられていました。技術の進歩などにより1960年代に規制が緩和されるまでは高層ビルを建てることができなかったのです。

建物を壊れないように設計するには、建物がどう壊れるかを知らなければなりません。木造住宅はどのように壊れるかがよくわかっているため、そこをケアした適切な設計が可能です。

それに比べ、高層ビルについてはわかっていないことが多数あります。よくわからないまま設計がなされているという側面は否めません。

高層ビルの倒壊事例の知見が足りないのであれば、実験により確認するしかありません。試験体として高層ビルをつくり、それを壊せば詳細なデータが得られます。

しかし、ことはそう簡単ではありません。高層ビルは大きくて重くて強いのです。

例えば、タワーマンションの柱の断面は一辺が1m程度の正方形になっています。使用しているコンクリートの強度も高く、常時3000トン程度の重量を支えるような設計となっています。この柱に横方向から3000トンあるいはそれ以上の力を加えることで、ようやく壊すことができます。柱1本を壊すだけのことですが、それでもこの規模の試験ができる装置は数が限られます。

もちろんタワーマンションの柱は1本だけでなく、10本、20本、あるいはそれ以上です。そんなものを一気に壊せる装置は存在しません。

**実物大の高層ビルを倒壊させるどころか、ごく一部を壊すだけでも大変**なのです。

地震の揺れを再現できる「振動台」という試験装置があります。平面が20m×15mという世界最大の振動台である「E－ディフェンス」は日本が保有しています。地震大国の面目躍如です。

しかし、この振動台をもってしても、その上に載せられるのは1200トンまでです。実大の木造住宅は基礎まで含めても重量は数十トンなので、2棟、3棟とその上に並べることも可能です。

しかし、タワーマンションで考えれば、その柱1本が負担する重量の4割でしかありません。タワーマンション全体では重量は数万トンにもなるので、そのほんの数%となります。

現状の試験装置でできることは、建物を数分の1のスケールにした縮小試験体を用いて模擬的に高層ビル全体の性能を予測するか、柱などの建物の一部の性能から、建物全体の性能を予測するかの間接的なアプローチだけです。

残念なことに、**高層ビルの性能を直接知ることはできません**。

高層ビルの壊れ方、倒れ方についての知見は限られています。しかし、実験でその知見を補うことには限界があります。

にもかかわらず、日々新しい高層ビルが建設され続けています。もちろんいろいろな研究や解析は行われており、安全性を確保する努力は続けられています。

しかし、自動車の安全性確認のように、本物の自動車を使って衝突試験を何度も繰り返しているような信頼性からは程遠いと言えます。

あなたが期待するような安全性が確保されているかどうかはわかりません。

# たまたま残った伝統構法

日本の木造には大きく分けて三つの構法があります。もっとも広く普及している「在来軸組構法《ざいらいじくぐみこうほう》」、耐震性が高いと言われ近年増加傾向にある「枠組壁構法《わくぐみかべこうほう》」、そして日本古来の構造形式である「伝統構法」です。

枠組壁構法はその名の通り、四角く組んだ木枠に板を打ち付けて壁を構成し、この壁によって地震に耐える「面」の構法です。

それに対し、在来軸組構法と伝統構法は、長い木材を組み合わせて空間を構成する「線」の構法です。ただし、在来軸組構法では斜めの材を使うので骨組み内に「△」ができますが、伝統構法では鉛直と水平の材だけを使うので「□」しかできません。

図4 木造の構法

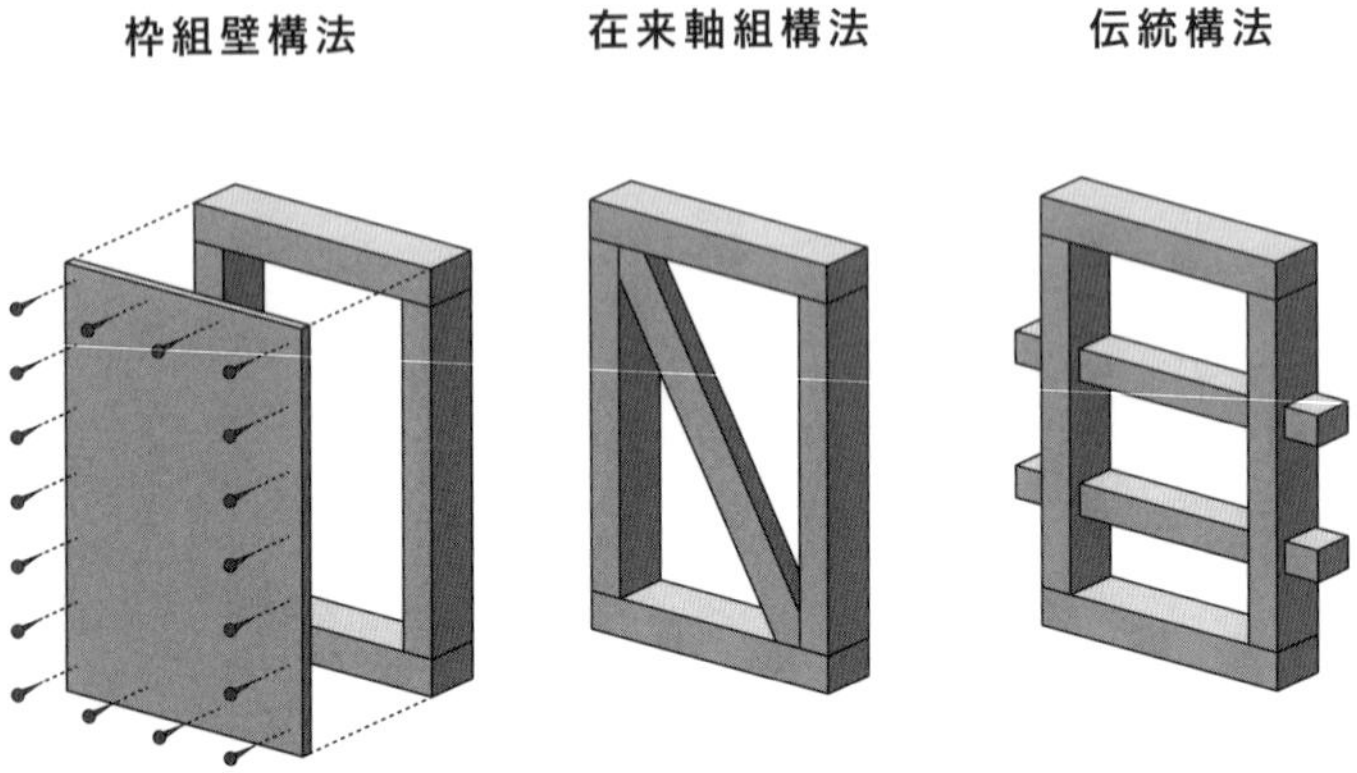


三角形というのは、その形状を変えようと思うと辺の長さを変えるしかありません。辺の長さが決まってしまうと、形状も自動的に決まってしまうからです。

実際に手で引っ張ってみればわかるように、木の棒の長さを変えるのは簡単ではありません。ということは、形状を変えるのも簡単ではないということです。そのため、**三角形のある在来軸組構法は相対的に硬くて強く**なります。

一方、四角形の形状を変えるために辺の長さを変える必要はありません。辺の長さを変えなくても、正方形の各角度を変えてやれば菱形に変わります。

図5 三角形と四角形

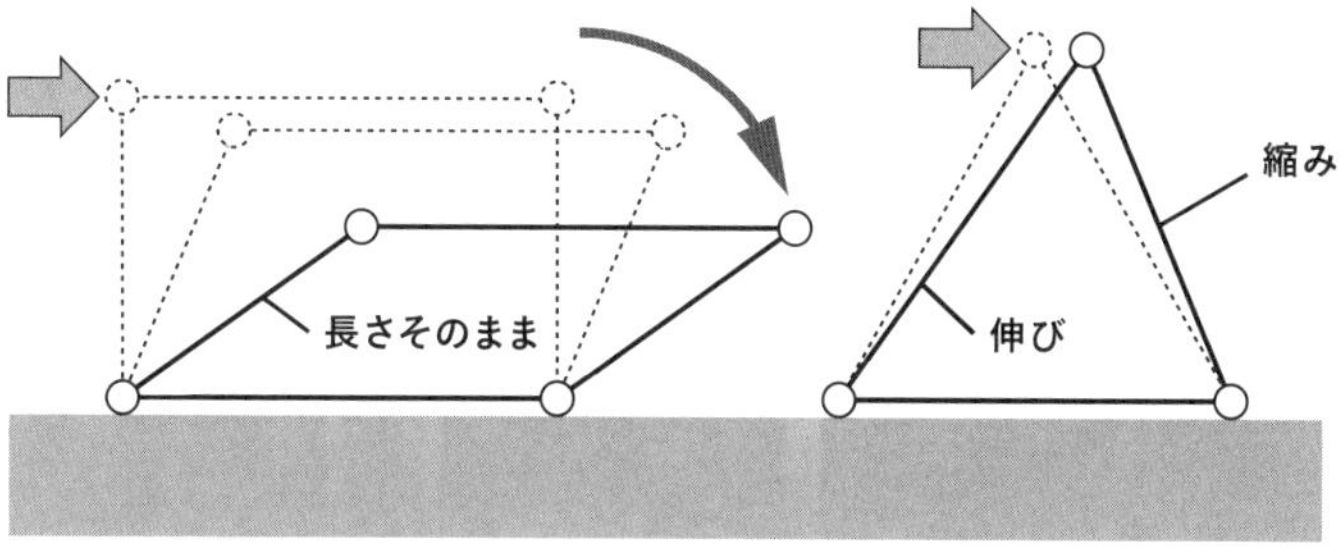


木の棒の長さを変えるのに比べれば、相互にはめ込まれた木材同士の角度を変えるのは簡単です。

テコの作用でつなぎ目部分に負荷が集中し、木がめり込むことで角度が変わります。

また、時間の経過とともに材が乾燥して縮み、当初はぴったりとはまっていたとしても隙間が生じ、より角度は変わりやすくなります。そのため**四角形しかない伝統構法は、相対的に柔らかくて弱く**なります。

中高層建物などへの木造の適用拡大もあって新たな構法が開発されてはいます

が、住宅に限れば、ほとんどがここに挙げた三つの構法のどれかに当てはまります。

伝統構法の建物の数は年々少なくなってはいますが、「身近に一つもない」ということはあまりないと思われます。昔からある神社やお寺が伝統構法で建てられているからです。

また、戦前に建てられた古民家と呼ばれるような住宅も、基本的に伝統構法で建てられています。現在でも伝統構法の特性を考慮できる高度な構造計算を行うことで、伝統構法の建物を新築することができます。

神社仏閣や古民家が現存するということは、自然災害の多い日本において、何十年、あるいは何百年と耐え続けてきたということです。一方で、最新の基準に従って建てられているはずの新築の住宅が、大地震によって無残に倒れてしまうこともあります。

どうしてそのようなことが起こるのでしょうか。

伝統構法には、何か地震に強くなる秘密が隠されているのでしょうか。

柔らかくて弱いはずの伝統構法の建物が、どうして長きにわたって倒壊することなく今日まで残っているのか、その理由を考えてみましょう。

まず、たくさん残っているように見えて、実はすでに弱い建物は倒れてしまって存在していないという可能性があります。今現在残っているのは、伝統構法の中でも比較的強いものだけなのかもしれません。

また、そもそも大きな地震を経験していないということも考えられます。いくら伝統構法の建物が古いと言っても、法隆寺のように1000年以上も前からあるものはごくごく稀です。せいぜい100年から200年くらいのものが多いのです。

近辺の断層が大きくズレるのは、数百年どころか数千年に一度という場合もあります。地震を経験していないのであれば、倒れずに残っていたとしてもなんの不思議もありません。

伝統構法の建物が地震の被害を受けやすいということは、2016年の熊本地震でも立証されています。揺れがもっとも大きかった地域での調査によると、伝統構法の建物で無被害だったものは1％しかありませんでした。

古いものが多いとはいえ、木造建物全体で21％、2000年以降の建物では62％が無被害だったことを考えると、被害が出やすいのは間違いありません。

こうして考えると、**伝統構法の建物が現在まで残っているのはたまたま**なのでしょう。神仏のご加護があったわけでもなければ、何か現代の科学では解き明かせないすごい秘密があったわけでもなさそうです。

# それでもビルは建てられる

本章では、建築の構造にまつわる「期待外れな話」を紹介してきました。日本の耐震技術はすごいんだ、世界でもトップクラスなんだ、と思っていたとしたら、さぞかしがっかりしたことでしょう。

ただ、だからと言って、全てを解き明かすまでは新しい建物はつくらせない、ということもできません。建築は経済活動の一部であり、新しい住宅やビルの需要に応え続けなくてはならないからです。

よく、「わかる」と「できる」は違う、と言われます。頭ではわかったつもりでいても、実際にやってみるとできない、ということは多いです。

しかし、建築においては、わからなくてもできることがあります。どんな地震が起こるかわからなくても、一部の建築士が耐震のことをあまりわかっていなくても、あるいは高層ビルがどう壊れるのかわからなくても、まずまず安心して暮らしていける街が実現されています。

まだまだわかっていないことが多い、ということさえ念頭に置いておけば、ある程度は「結果よければそれでよし」なのです。もちろん、いつまでもわからないままで放置しておいていいわけではありません。わからないなりにどうすればいいかを探ること、わからない領域を少しずつ減らしていくことは非常に重要です。

2023年、世界最大の振動台である「E－ディフェンス」の隣に、「E－アイソレーション」という巨大な試験機が完成しました。これにより、これまで試験することのできなかった実大サイズの試験体を用いることができるようになりました。

今後活用が進むことで、新たな知見がいくつも得られることでしょう。

まだまだ期待外れな部分も多いかもしれませんが、**今後の発展には期待していただきたい**と思います。

# 第3章

# 建築とは、間違いだらけである

# 間違えるから改善される

建物に求められる性能というのは、その建物が建つ地域の気候や自然災害の影響を受けます。高温多湿な地域であれば風通しのいい建物が、寒冷で雪の多い地域では隙間風が入らず、雪の重みに耐えられる建物が求められます。

当然、台風の多い地域では台風に耐えられる建物が、地震の多い地域では地震に耐えられる建物が求められます。

それぞれの地域に建てられている建物は、その地域の特性にあった建物になっていることでしょう。

しかし、一朝一夕に望むような性能の建物を建てられるようになるわけではありません。それまでに数多くの試行錯誤が繰り返されてきたはずです。

ときには失敗や間違いもたくさんあったことでしょう。それらを乗り越え、改善してきた結果が今の建物に反映されているのです。

本章では、構造に関する多数の間違いを取り上げていきます。たくさんの間違い事例があり、その要因も様々です。そんなこともわからずに間違えたのか、というようなこともあるかもしれません。また、まだうまく解決できていないものもあります。

そうした間違いを知ることで、建物がどのように安全性を高めてきたかがわかることでしょう。

# タコマナローズ橋落ちる♪

「ロンドン橋」という歌をご存じでしょうか。イギリスの古い童謡（マザーグース）の中でも有名なものの一つです。

ロンドン橋が落ちる、落ちる、落ちる♪と言えばわかる人も多いでしょう。英語ではLondon Bridge is falling down(ロンドン橋が落ちる)、あるいはLondon Bridge is broken down(ロンドン橋が壊れる) と歌うようです。

実際にロンドン橋は何度も川に流されたり、上部にあった建築物が火事で焼失したりしています。戦争の際に人の手で壊されたことがある可能性もあるそうです。

しかし、建築や土木を学んだ人たちにとっては、もっと有名な「落ちる」橋があります。それがタコマナローズ橋です。

タコマナローズ橋は1940年、アメリカのワシントン州の海峡に架けられました。全長1500mを超える吊橋で、橋を支える柱と柱の間隔は853mにおよびます。建設当時、もっとも多くの吊橋を手掛けてきた技術者が設計を担当しました。

ケーブルに吊られた、自動車や人が通る部分（桁《けた》）が非常に薄く、また、幅が狭い点にこの橋の特徴があります。桁の重量が小さくなるので、桁を支えるケーブルの負担が減り、建設費用を大幅に抑えることができました。

ただし、桁を軽くすると風に煽られる危険性が高まるため、設計には細心の注意が必要となります。

この橋の安全性は、設計を担当した技術者自身が打ち立てた理論によって確かめられました。もちろん、当時の橋に関する安全性基準にも合致していました。

しかし、この橋が風でよく揺れることに、開通前から橋の建設作業員は気づいていました。

また、開通後は橋を通過するドライバーたちの間で話題になるほどの揺れだったようです。揺れの対策を行うため、カメラによる監視まで行われるようになりました。

そして橋の揺れに対する懸念が高まる中、**ある風の強い日に崩落**しました。

開通からわずか4ヵ月後のことでした。幸い、人的被害は出ていません。

この橋が有名なのは、風によって崩落したからだけではありません。実は、1800年代にはいくつもの橋が風によって崩落しています。タコマナローズ橋だけが特別だったわけではありません。

なぜ風によって橋がそれほど大きく揺れるのかは明確ではありませんでしたが、注意が必要なことは知られていました。

なお、現在では「自励振動」が原因であったことは、半ば常識レベルで知られています。自励振動は複雑な現象ですが、タコマナローズ橋のケースで言うと、不規則に吹く風の力が、橋の形状などによって、橋を大きく揺らす規則的な振動を引き起こしたことを指します。

この橋が有名となった一番の要因は、20世紀半ばの出来事でありながら、橋の崩壊時の映像が残っていることです。大きくグネグネと捩じれながら揺れる橋の様子を、今でも見ることができるのです。大学の講義の際にその映像を流す先生も多いでしょう。

また、崩落の原因に関する詳細な調査報告を見ることもできます。航空工学の第一人者とも言うべきフォン・カルマンも調査に参加しています。つまり、構造に関する失敗事例として非常に価値があるのです。

ただ、もしこの事例が、あまり経験のない技術者が、未熟さゆえに犯した失敗の結果だったとしたらどうでしょう。おそらく、その価値はかなり下がるのではないでしょうか。いくら整理された記録が残されていようとも、未熟な技術者が間違えるのはある種当たり前のことだからです。経験のある一流の技術者が真剣に取り組んだけれども失敗した、だからこそみんなが真剣に原因究明に努めた、そこが重要です。

原因究明のため、多数の実験や計算が行われました。その結果、吊橋の風に対する安全性を高めるには、桁をある程度硬くする必要があることがわかりました。

桁の硬さを確保するため、柔らかくなりがちな薄い板状の桁は姿を消します。代わりに三角形をいくつも組み合わせた「トラス」と呼ばれる桁が主流となりました。

また、桁の断面形状の影響が大きいこともわかりました。それが飛行機の翼の断面形状を模したような桁の開発につながります。

タコマナローズ橋の崩落は、設計者が自身の理論を過信したが故の大きな間違いです。しかし、その間違いが吊橋の技術を飛躍的に高めたのも事実です。

## オリーブ・ビュー病院、崩壊する

1971年のカリフォルニア州サンフェルナンド地震において、オリーブ・ビュー病院が大破しました。5階建ての建物のうち、1階部分に変形が集中した壊れ方でした。患者2名と職員1名が亡くなっています。

太平洋沿岸地域は非常に地震が多い。アメリカの西海岸にあるカリフォルニア州も、日本に負けず劣らずの地震頻発地域です。そのため、スタンフォード大学やカリフォルニア工科大学といった世界のトップクラスの大学でも、地震や耐震に関する研究が盛んに行われてきました。

当時、建物の1階部分に壁をつくらず細い柱だけにすることで、建物をゆっくり揺れるようにしたほうが地震に強くなるのではないか、という考え方がありました。建物がゆっくり揺れることで、地震のガタガタッという素早くて強い揺れが建物に伝わりにくくなる、というのがその理由です。

そして**その結果が、病院の1階部分の崩壊**です。

建築に関してあまり詳しくない人でも、「いやいやいや、そりゃ1階の柱を細くすればそこから壊れるでしょ」とわかりそうなものです。

しかし、世界トップクラスの頭脳でも間違ってしまったのです。

建物の1階部分だけが壊れてしまう、という現象は大地震のたびに見られます。

2016年の熊本地震では、1階の被害が他の階よりも大きい建物の割合が84％もあります。

また、1階部分を壁のない「ピロティ」としたマンションの倒壊事例もあります。ピロティは1995年の兵庫県南部地震でも甚大な被害を受けており、被害が出やすいことが知られていました。

アメリカでは、1階が弱くなっている建物のことをsoft story buildingと呼びます。softは「柔らかい」、storyは「お話」ではなく「層」という意味があります。つまり「柔らかい層がある建物」ということで、耐震改修の対象となっています。

さすがにもう、1階を細い柱だけにしようとはどんな建築士も思っていません。

しかし、素人でも危なそうだと直感的にわかることを、なぜ建築の専門家が大真面目に間違えてしまったのでしょうか。

おそらく、振動論を中途半端に理解していたことが原因ではないでしょうか。

実際、地震によって地面が素早く揺れるのであれば、建物をゆっくり揺れるようにしてやればいいだろう、という考え方自体は間違っていません。また、それにより1階に変形が集中することもわかっていたようです。

しかし、具体的に変形がどれくらいになるかは認識できていなかったのでしょう。今ではコンピュータの性能が大幅に向上し、学生でも簡単に建物の応答解析を行うことができるようになりましたが、当時は簡単ではありませんでした。

特に建物の変形が大きくなり、初期の健全な状態から揺れの特性が変化するような解析はよりハードルが高いのです。

いくら難しい数式を展開していろいろなことがわかった気になっても、具体的に「この地震に対しては1階が6cm変形します」というような解析の結果のほうが、理解を深めるのに何倍も役立つときがあります。

理論に頼り過ぎて間違いを犯した技術者たちを、頭でっかちの技術バカ、専門バカだと罵るのは簡単です。

しかし、こうした先人たちの知恵を基に、今日の構造技術が成立していることは間違いありません。もしかしたら、いい気になって技術者たちをバカにしていた側が、単なる素人の浅知恵だった、なんてこともあるかもしれません。

先人たちに敬意を表して一つだけお話をさせていただきます。日本人ならよく知っている建物についてです。

2020年東京オリンピックのメインスタジアムとなった国立競技場ですが、その構造形式はsoft storyです。前述した「1階が柔らかくなっている建物」です。サンフェルナンド地震から半世紀を経て、今度こそ本当に地震に強い構造として、国家的事業に採用されたのです。

大規模で複雑な構造の建物にも対応できる解析技術の向上や、1階部分の柔らかさを維持しつつも変形を抑えることができる「ダンパー」という装置の開発が、国立競技場の建設を可能としました。

そこには構造設計者、構造技術者のロマンがあります。

# 耐震改修したから壊れた東北大学

東北地方の太平洋岸は日本の中でも地震が多い。

2011年の東北地方太平洋沖地震は言わずもがなですが、1978年の宮城県沖地震をはじめ、他にも大きな地震がいくつも発生しています。

また、地震に伴う津波被害も多く、昭和期や明治期にもたくさんの方が亡くなっています。1000年以上前の869年には、東北地方太平洋沖地震に匹敵する規模の貞観《じょうがん》の三陸沖地震も起こっています。

東北地方で耐震工学に力を入れている大学と言えば東北大学です。入試の難度が高く、研究の質も日本有数の大学であり、優秀な技術者を多数輩出しています。

東北大学の建築学科の建物には、地震観測用のセンサーが付けられているものや、耐震改修が施されているものもあるなど、さながらキャンパスを使った実験場の様相を呈しています。

そのおかげでいろいろな知見がもたらされています。**東北大学内の「人間・環境系研究棟」は、耐震改修したから壊れたのかもしれない**、というのもその一つです。

前述のように、東北地方は何度も大きな地震を経験してきました。東北大学の人間・環境系研究棟も1969年に竣工しており、1978年の宮城県沖地震を経験しています。その後耐震改修が行われ、現行の耐震基準を満たすまでに性能が向上しました。そして2011年の東北地方太平洋沖地震です。

宮城県沖地震において、人間・環境系研究棟の最上階で1040㎝／$s^2$（センチメートル毎秒毎秒）という加速度が観測されています。一方、東北地方太平洋沖地震では908㎝／$s^2$が観測されており、建物に作用した力は宮城県沖地震のほうが大きかった可能性があります。

宮城県沖地震後、２００１年まで耐震改修は未実施、耐震改修後も２０１１年までは継続して使用されてきました。しかし、東北地方太平洋沖地震後は取り壊し・建て替えとなっています。

耐震改修により、Is値と呼ばれる建物の耐震性能を表す指標が大幅に改善していたにもかかわらずです。これはなぜでしょうか。

まず、東北地方太平洋沖地震までに、すでに何度も大きな揺れを経験していることが挙げられます。

東北地方で発生した主な地震としては、前述した１９７８年の宮城県沖地震の他にも、１９８３年の日本海中部地震、１９９４年の三陸はるか沖地震、２００３年の三陸南地震・宮城県北部連続地震などがあります。

新築時点での強さを保っていないため、耐震改修によって耐震性を向上させても十分ではなかったのかもしれません。

また、地震の継続時間も違います。東北地方太平洋沖地震はとてつもなく規模の大きな地震だったため、非常に長い時間にわたって地面が揺れ続けました。揺れの継続時間は宮城県沖地震の40秒に対し、東北地方太平洋沖地震では180秒にもおよびました。

一度や二度なら耐えられたところを、何度も何度も、長時間にわたって揺さぶられたことで耐えられなくなった、ということはあり得えそうです。

確かに右の二つの理由には説得力があります。また、他にも多数検証が行われており、いろいろな可能性が言及されています。しかし、耐震改修が悪さをしたかもしれない可能性は完全には否定できません。

耐震改修前の宮城県沖地震では、建物の側面にあるコンクリートの壁に「せん断ひび割れ」と呼ばれる斜め方向のひび割れが発生しています。それに対し、耐震改修後の東北地方太平洋沖地震では、壁にはひびがほとんど入らず、壁の両端にある柱に損傷が集中しています。

このことから、**耐震改修の前後で建物の壊れ方が変化している**ことがわかります。

図6 せん断と曲げ

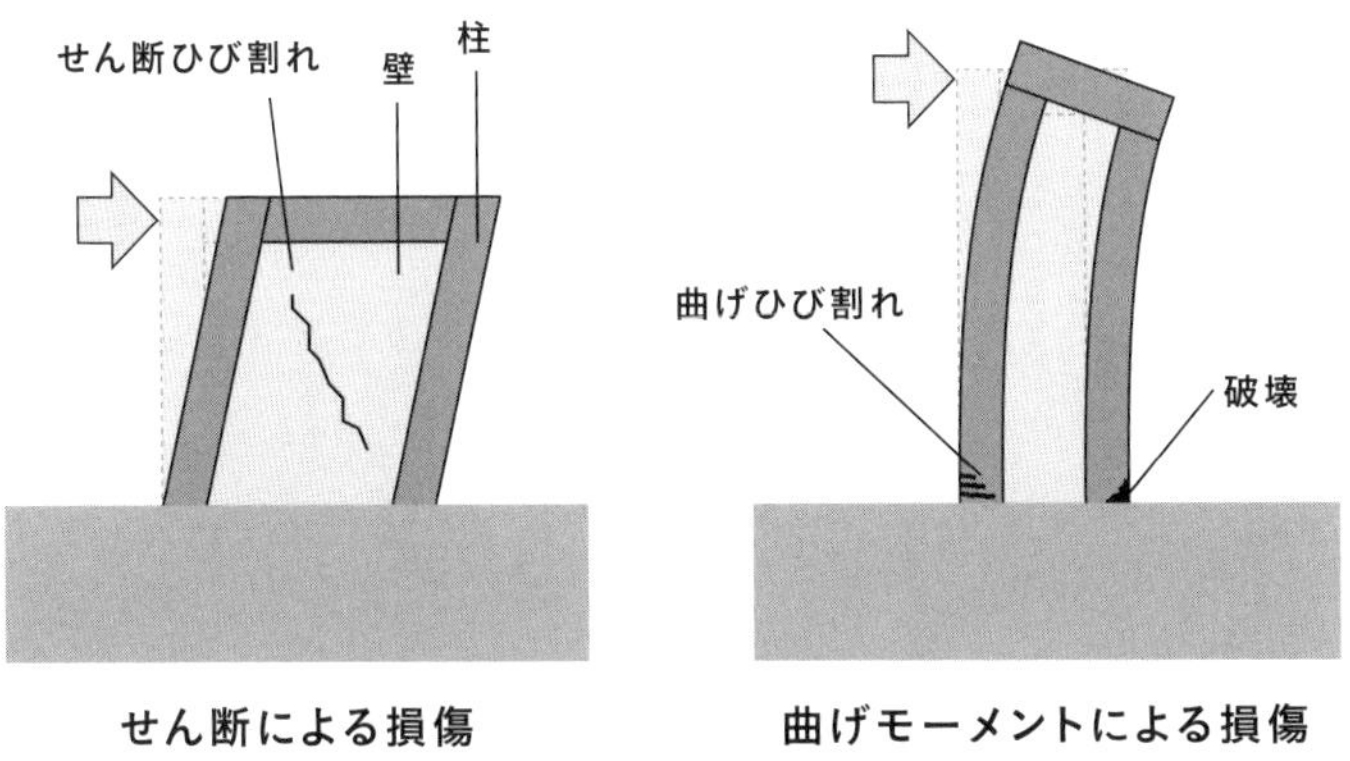


壁に発生したひび割れは、壁をずらそうとする力（せん断力）によるものです。一方、壁の両端にある柱の損傷は、壁を曲げようとする力（曲げモーメント）によるものです。

せん断力が曲げモーメントを引き起こすのですが、壁を壊れないようにするには、そのどちらにも耐えられるようにしなくてはなりません。

元々はせん断力に対して耐えられなかったものが、耐震改修により強化され、今度は曲げモーメントに耐えられなくなったものと考えられます。

建物を耐震改修により硬くする・強くすることはできますが、それにより建物の耐震性が必ずしも高まるわけではありません。ある部分が補強されることで、その周辺部分の負担が増加してしまうからです。

そのため、建物を硬くする・強くするという方向ではなく、建物を大きく変形できるようにするという方向の耐震改修を推す声もあります。

東北大学の事例が耐震改修の負の側面によるものかどうかはわかりませんが、もしそうならトホホな結果です。

## 地震のたびにアップデートされる基準

建物の耐震性は、建築年代が新しいものほど高い傾向にあります。そのため、大地震時に大きく被害を受けるのは大半が古い建物で、新しい建物であればほとんど被害がないことも多いです。

これは、建築基準法が改正されるたびに、耐震に関する要求性能が高くなってきたからです。古い建物と今の建物とでは、守るべき耐震基準のレベルがまったく違うのです。

では、どういうときに基準は改正されるのか。

これに対する回答は極めて明快です。実際に地震が起こって建物に大きな被害が出た後です。

日本での建築に関する最初の法律は1919年の『市街地建築物法』です。木造建物については高さ50尺以下、階数3階以下という制限が設けられていました。

しかし、防火と衛生の規定が主目的であり、耐震に関しては「木造3階建てには筋かいを入れる」ということしか規定されておらず、筋かいをどれくらい設置しなくてはいけないかについての言及もありませんでした。

筋かいというのは、上の階と下の階を繋ぐように入れる斜めの材で、地震の時に突っ張ることで地震に抵抗します。筋かいを多く設けるほど耐震性は向上します。

また、この法律は「市街地」と付いているだけあって、対象は東京などの大都市限定でした。

図7 筋かい

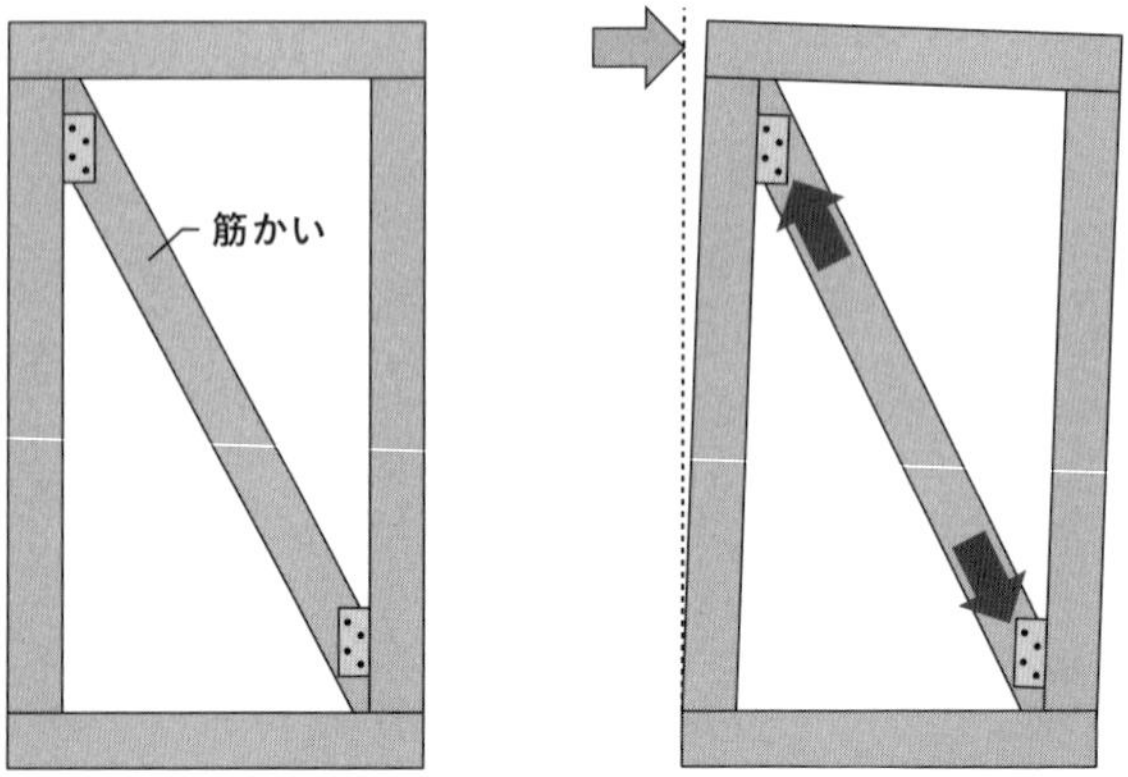


1923年に関東大震災が起こると、その翌年に市街地建築物法が改正されました。耐震関連の基準が追加され、階数によらず木造建物には筋かいなどの設置が義務付けられることとなりました。

しかし、筋かいをどれくらい設置しなければいけないかは示されず、量的な規定は相変わらず設けられないままでした。

戦後、1950年に建築基準法が制定されることで、ようやく国内全ての建物を対象とする法律ができました。

建築基準法では、1948年の福井地震の調査結果を基に、木造建物にどれだけ筋かいや壁などを設置しなくてはならないかが、数字として具体的に示されています。

その後も現在に至るまで、建築基準法の耐震に関わる規定には何回かの改正がなされています。

1959年の改正は特に大きな地震が起こったからではありませんが、それ以降は地震とセットになります。1971年の改正は1968年の十勝沖地震、1981年の改正は1978年の宮城県沖地震、そして2000年の改正は1995年の兵庫県南部地震を受けての結果です。

**大きな地震のたびに基準がアップデート**されていることがわかります。

地震が起こる、被害が出る、新しい知見が得られる、それが法律に反映される。そして再び地震が起こる、被害が出る、新しい知見が得られる……。一見正しいサイクルのようにも思えますが、本来であればこのサイクルが続くのではなく、どこかでストップするほうが望ましいはずです。

最新の基準を満たした家を建てたとしても、翌年に法律が改正されれば、その瞬間に基準を満たしていない建物に変わります。こうした建物は「既存不適格」と呼ばれ、増築や改築に制限がかかるようになってしまいます。

これまでの基準は間違っていました、今日からはこっちの基準でお願いします、と言われても、住宅オーナーやディベロッパーとしては納得し難いのではないでしょうか。

幸い、2000年以降は基準が改正されていません。改正から2024年までに震度7を記録した地震が6回も起こっていることを考えると、現在の基準は概ね及第点という認識なのでしょう。

しかし、いつ落第点に転落するかは誰にもわかりません。

近年、建物に求められる性能はどんどん高まっています。地震後も継続して住み続けたい、避難所に行く必要がないようにしたい、というニーズは以前からあったのかもしれません。それが、数年おきに発生する大きな地震と、それに伴う報道により顕在化した可能性があります。

建物の倒壊や家具の転倒による圧死などの直接的な被害だけでなく、避難所生活などに起因した体調不良・持病の悪化による死亡のような二次的な被害である地震関連死にも注目が集まっています。

これまでは大きな地震を受けた「後」に対策が練られてきました。しかし、昨今は地震を受ける「前」へと意識が変わってきています。首都直下地震や南海トラフ地震の発生も危惧されており、近い将来に高い確率で起こるでしょう。

現行の耐震基準を満たした建物が大地震から本当に人命を守れるのであればそれで構いませんが、もしまだ「間違っている」要素があるのであれば、早急に改正しなくてはなりません。

## 阪神大震災ショック

戦後に限っても、日本では死者が出るような地震が平均して2年に一度は発生しています。10年程度間が空くこともありますが、毎年のように起こることもあります。近年で言えば、2021年、2022年の福島県沖地震、2023年の能登半島沖地震、そして2024年の能登半島地震です。

耐震技術が進んだとはいえ、地震による被害をなくすというゴールは遥かに遠く、まったく先が見えないという状況です。

しかし、3769名もの死者を出し、最大震度が6から7に引き上げられるきっかけとなった1948年の福井地震以降、しばらく地震による死者数が抑えられた時期がありました。

そこから1994年までは46年間で死者数469名と、決して少ないわけではありませんが、それまでと比べると大幅に減少しています。

福井地震の前までは1943年の鳥取地震、1944年の東南海地震、1945年の三河地震、そして1946年の南海地震と、立て続けに死者が1000名を超える大地震が起こっています。

また、この時期は耐震基準が整備されていった時期と重なります。

建築基準法ができたのは1950年であり、1981年の改正までに耐震基準は3回も見直されています。

特に1981年の改正は大きな節目であり、この基準に適合している建物は「新耐震」の建物と呼ばれ、それ以前の基準にしか適合していない「旧耐震」の建物と区別されます。耐震の規定に関する大幅な改正がなされましたが、木造住宅を例にとると、新耐震では旧耐震の約1・5倍の壁や筋かいが設置されることになります。

そのような状況であれば、地震に対する恐怖感は薄らいでいくでしょう。建物の耐震性はどんどん上がっていき、実際に地震による死者数も驚くほど少なくなった。もはや地震はそれほど怖いものではない、と感じるのも当然かもしれません。

そんな中、兵庫県南部地震が起こりました。1995年のことです。

1995年1月17日の早朝、兵庫県南部を震源とする強烈な地震が近畿地方を襲いました。

日本の観測史上、初の震度7を記録した兵庫県南部地震です。

この地震によって発生した大規模な災害を阪神・淡路大震災と言います。この地震による死者・行方不明者は6437名に達し、発生当時、戦後では最大の数字でした。まさに未曽有の大災害です。街は瓦礫の山と化し、横倒しになった高架道路の映像は、多くの国民に衝撃を与えました。

実は、このちょうど1年前、1994年1月17日にアメリカのカリフォルニア州ではノースリッジ地震が発生しています。ノースリッジ地震でも高速道路が倒壊しましたが、視察に訪れていた日本の専門家が「日本の耐震技術は優れているので、日本ではこのようなことは起こらない」というような発言をしたと言われています。

それが翌年には脆くも崩れてしまったわけです。

**多くの国民同様、専門家たちも大きなショックを受けた**ことでしょう。

この逸話が事実かどうかはわかりませんが、当時の日本人の意識を色濃く反映しているのではないでしょうか。

地震による被害が近年は小さく抑えられているが、それはたまたまである、という認識をしっかりと持っていた耐震の専門家・技術者がどれだけいたことでしょう。自然を相手にするのですから、自然への畏怖と敬意を忘れてはいけません。

ちなみに、日本の耐震技術が全然ダメだった、というわけではありません。耐震基準の改正により、少しずつながら安全な建物を増やしていたのです。

当時最新であった１９８１年の基準に適合している新耐震の建物は、兵庫県南部地震において、それ以前に建てられた建物に比べて明らかに被害が小さくなっていました。

また、２０１６年の熊本地震でも、建設年が１９８１年以前か以後かで被害が出た建物の比率に大きな差がありました。

１９９５年では１９８１年の改正から14年しか経っておらず、古い建物が最新の基準を満たした建物に建て替えられるには十分な期間ではありませんでした。

古いものが長く残るよさもありますが、古い建物が減り、新しい建物が増えていくことは、災害に強い街づくりにとって重要です。

# 大工の勘、建築士の勘

「勘」とは、物事のよし悪しを直感で判断することです。文脈によってネガティブな意味にもポジティブな意味にも変わります。

テストの答えを勘で選ぶ、という状況は明らかにネガティブな印象を受けます。ここから先は勘に頼って進む、という状況ではどちらとも取れるし、どちらでもない中庸にも取れます。

しかし、何か優れた人を主語に置くと、「勘」という言葉は大体がポジティブな響きを持ちます。闇雲に釣り糸を垂れるよりは老漁師の勘に頼ったほうが魚はたくさん釣れそうですし、山で迷子になったときは、ベテラン山岳ガイドの勘に頼ったほうがより安全に下山できそうに思えます。

素人の勘はまさに思い付きでしかありませんが、玄人の勘はそれまでの経験に裏打ちされた知識やデータを総動員しての判断です。直感とは言うものの、言語化できていないだけで、しっかりとした根拠があります。

では、大工の勘、建築士の勘はどうでしょうか。

地方に行くと、うちの親戚の家は全部あそこの大工さんに建ててもらった、というような話を聞くことがあります。あそこは腕がいいから間違いない、地震があっても安心だ、だからあなたも建ててもらいなさい、ということが昔は頻繁にあったのでしょう。

インターネットがなかった時代、手に入れられる情報は非常に少なかった。信頼できる人から伝え聞いた情報は貴重だったでしょう。

しかし、ちょっと待ってください。確かにその人は善意で有益な情報を教えてくれたのかもしれません。ただ、その情報が信頼できるかどうかは、また別の問題です。

腕がいいことと地震に強い家を建てられることは、イコールで結び付けられるのでしょうか。腕のいい大工の勘に任せて家を建てると、何が起こるでしょう。

勘とは、どのようにして養われていくものでしょうか。経験を積むことは重要ですが、ただ単に経験が長いというだけでは十分ではないはずです。経験したことについて振り返ってみたり、深く考えたりする必要があるでしょう。

ビジネス用語に「ＰＤＣＡ」という言葉があります。Plan（計画）、Do（実行）、Check（評価）、Act（改善）という四つのプロセスがあり、Ｐから順にＡまでを行い、そして再びＰに戻る。このサイクルを何度も繰り返すことで効率や業績が向上するというものです。

このサイクルは、勘を養うことにも当てはまるように思います。そこで、ＰＤＣＡを「地震に強い家を建てる」という作業に当てはめてみましょう。

まずは柱の太さや壁の幅を決め（P）、次に実際に家を建てる（D）。その後、できた家の強さを調べ（C）、柱の太さや壁の幅の過不足を考える（A）。そして、前の家を参考に、次の家の柱の太さや壁の量を決める（P）。

確かに大工がこのサイクルを繰り返していれば、よりよい家ができる気がします。

しかし、こんなことをしている大工が一体どこにいるでしょうか。梁の上で飛び跳ねれば、その梁が重力に耐えられるか、あるいは使用上の支障がないかはわかります。しかし、その家が地震に強いかどうかは地震が起こるまでわかりません。
どう考えてもこのサイクルは回っていないのです。であれば「勘」が養われるはずもありません。

**いくら腕がよくても、その大工が建てた家が地震に強いかどうかはわかりません。**

では、大工ではなく、建築士であればどうでしょうか。建築士の中でも「強」を専門とする構造設計者の場合です。

構造設計者は、建物の安全性を計算により確認します。建物のプランやデザインを詰めていくのと並行して、重力や地震によって柱や壁にどのくらいの力が作用するかを計算し、その力に対して壊れないよう各部の寸法や材料を選定します。

つまり、その柱の太さが適切かどうか、壁の幅が適切かどうかを知ることができるのです。

これならサイクルが回ります。そしてサイクルが回るのであれば、長く経験を積むことで勘が働くようになりそうな気がします。

しかし、実はこれも少し違います。**構造設計者がわかるのは、耐震基準に照らし合わせた場合に、柱や壁が適切かどうか**です。

法律に合致しているかどうかは計算しなくても大体わかるようになるかもしれませんが、そもそも法律自体が間違っていたらどうでしょう。

過去に何度も改正されているくらいですから、今の法律が絶対というわけではありません。

どんな地震が起こるかわからない以上、どこまで耐震性を高めればいいか正解はありません。あるのは相対的な評価だけです。拠って立つところとなる法律自体が曖昧なのですから、「勘」も意味を成さないでしょう。

実際に地震で倒れた建物をたくさん見る、過去に実施されたいろいろな実験の結果を知る、構造に関する様々な最新の理論を勉強する、構造設計者のこうした行為を通して、初めて少しだけ真の「勘」が身につくのではないでしょうか。

少なくとも、目の前の計算をこなしているだけでは間違った「勘」を養うだけです。

# 杭の強さはどう決める

一口に間違いと言っても、いろいろな種類の間違いがあります。誰も途中で気づかず、できあがってからわかる間違い。これくらいなら大丈夫だろうと楽観的に考えていたが、やっぱりダメだったという間違い。

どのような間違いが一番罪深いでしょうか。

ここでは、おかしいとわかっているのに放置されている間違いを見てみましょう。

建物というのは非常に重たいものです。鉄筋コンクリート造の建物であれば、平米あたりの重量は1トンを優に超えます。平米ではイメージしづらいのであれば、6畳間で10トンと言えばいいでしょうか。

19階建ての建物であれば、各階の床と屋根があるので、全部で20枚分の重量を、建物直下の地盤が負担しなくてはなりません。少なくとも平米あたり20トンの力が常時作用するということになります。

地盤の状況というのは建設地ごとにまったく違います。硬い岩盤でできていて非常に強い場合もあれば、埋め立て地のようにズブズブな場合もあります。

前者であればそのまま建物を載せても大丈夫かもしれませんが、後者ではそうはいきません。何かしら補強してやらなければ、建物が沈んでしまいます。

地盤の弱い部分が表層に近いところだけであれば、そこにセメント系の材料を混ぜ合わせることで改良することができます。建物の重量に応じて、混ぜる材の量を調整し、地盤が所定の強さを発揮するようにします。

ただ、弱い部分が深いところまで続いているようだと、この方法は現実的ではありません。そんなときは杭を使うことになります。

杭とは、建物を支える棒状の細長い材で、地面の中に埋まっています。杭の下側の先端は堅固な地盤まで届いており、上側の先端は建物の基礎部分につなげられます。

図8 杭とその先端

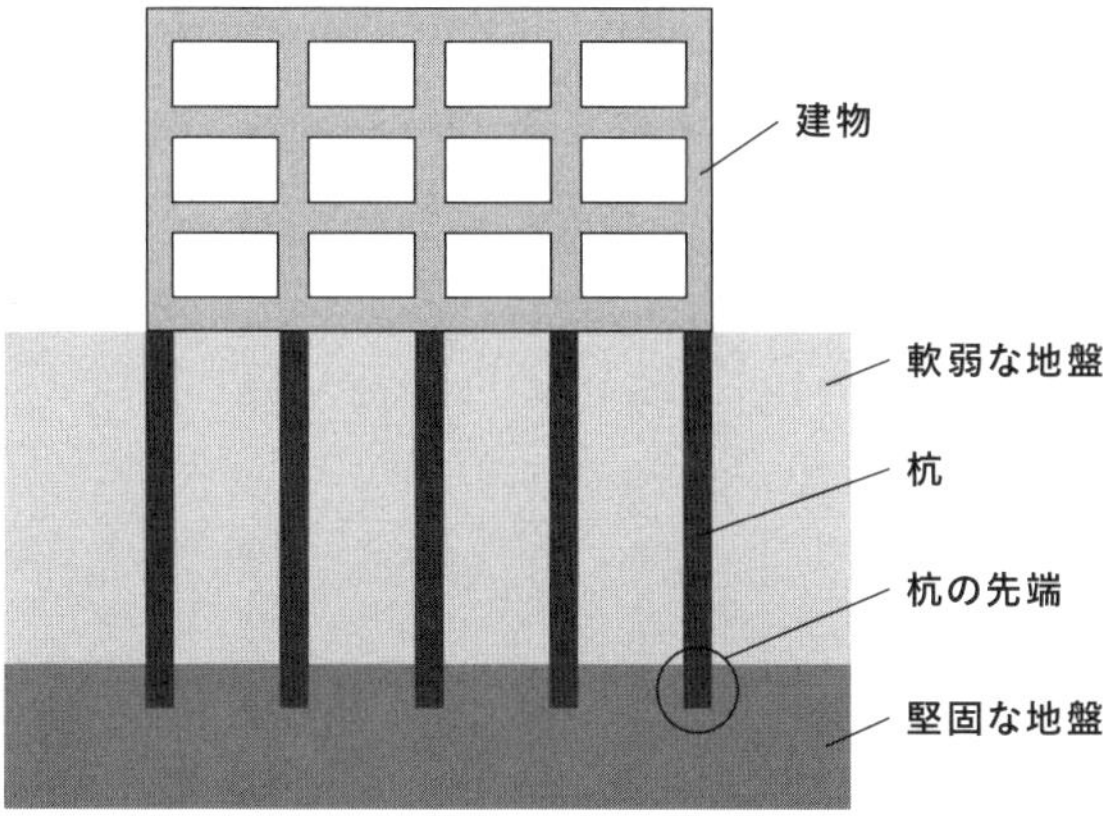


鉄筋コンクリート製だけでなく鋼製や木製の杭もあり、杭のつくり方や設置の仕方によっても種類は様々です。

大きなビルを建てる場合は、それだけ支えなければいけない重量も大きくなるので、当然必要となる杭も大きくなります。しかし、あまりにも巨大な杭になると工事現場まで運搬できません。

そこで、杭を設置したいところに大きな穴を掘り、その穴にコンクリートを流し込み、そこで固めることで杭を構築することがあります。このような杭を場所打ちコンクリート杭と言います。

杭が支えられる重量は、杭の種類や杭を

図9　杭とその先端

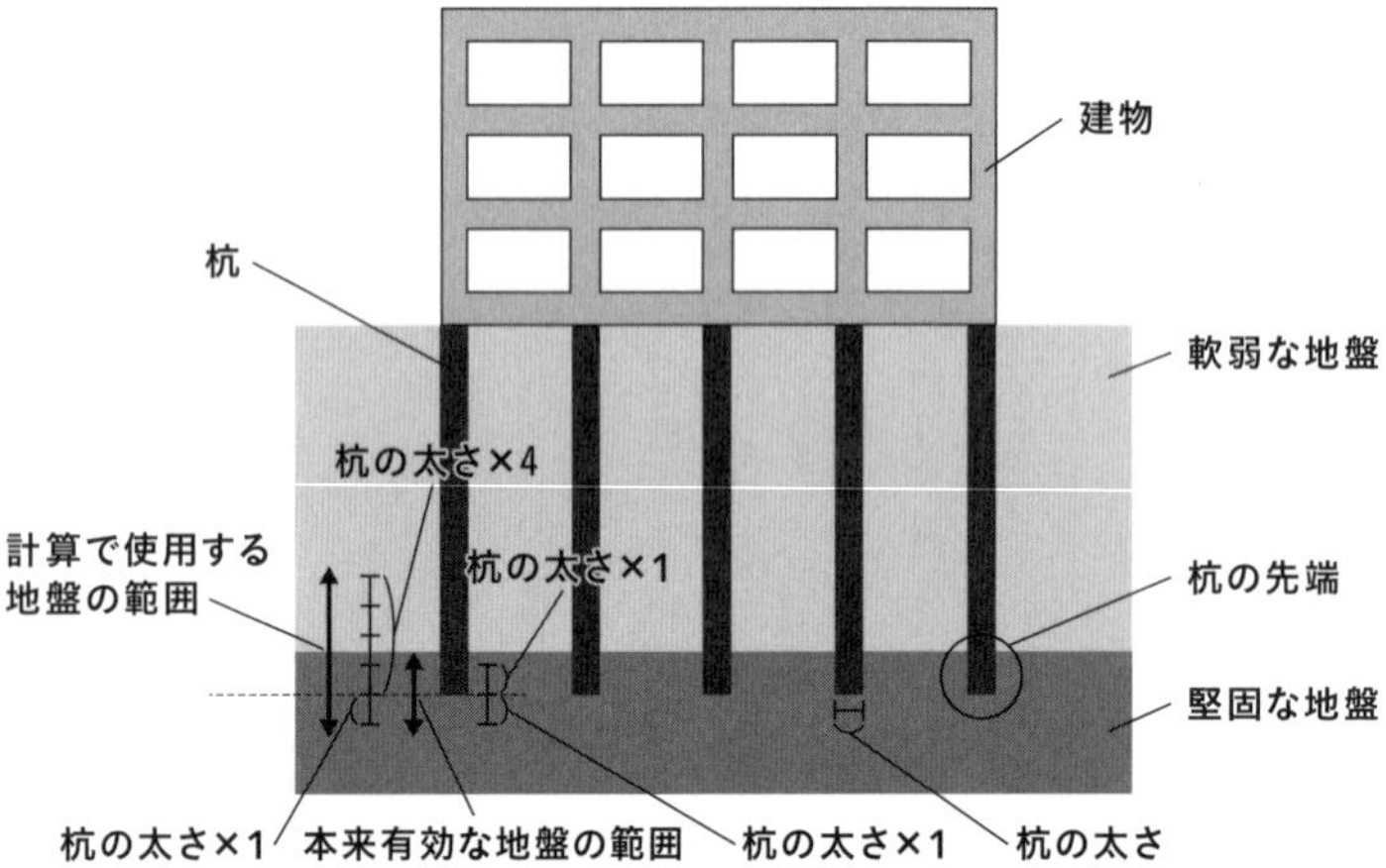


設置した場所の地盤の強さに応じて変わります。では、場所打ちコンクリート杭の場合、どの範囲の地盤の情報が重要になるでしょうか。

直感的には、杭の先端より下にある部分が大事だと思うでしょう。もちろんその通りなのですが、実は先端より下だけでなく、先端より上の部分も重要です。

では先端より下、あるいは先端より上とは、具体的にどの範囲なのでしょうか。

なんと、先端より下は杭の太さの1倍、先端より上は杭の太さの4倍の範囲を指します。この範囲の地盤の強さの平均値を使用して、杭が支えられる重量を計算するのです。

これはなんだか直感に反します。下に杭の太さの4倍ならわかりますが、下ではなく上というのは解《げ》せません。そしてこの直感は正しいのです。

先端より下の範囲をいくつにするかは議論があるようですが、先端より上の範囲は、杭の太さの1倍で十分であるという論文が複数出ています。

では、どうして杭の先端より上は杭の太さの4倍の範囲を見込むということになってしまったのでしょうか。それは、元々は穴を先にあけてから設置するタイプの杭ではなく、穴がないところに打ち込むタイプの杭を対象としていたからです。

このタイプの杭は、釘を金づちで打ち込むように、大きなオモリを杭の上から落下させることでガツン、ガツンと杭を地面にめり込ませていきます。地面を押し退けることになるので、杭の先端より上の部分は周囲からギュッと締め付けられることになります。

あらかじめ穴をあけてある場合に比べ、杭の先端より下だけでなく上のほうも重要だということが理解できるでしょう。

しかし、なぜこの打ち込むタイプの杭が支えられる重量を計算する方法で、先に穴をあけてから設置するタイプの杭が支えられる重量を計算しなくてはいけないのでしょうか。

これは**計算に用いる式を間違ったまま放置している**ということです。

なぜ式が修正されないのか、理解できません。ちゃんと知見があるのですから、できるだけ早く対応すべきです。

間違いを間違いとわかったまま放置する、これは一体どういうことなのでしょうか。

## いつまでも終わらない設計

建築には絶対の正解がありません。一旦素晴らしい案ができたと思っても、後から図面を見直してみると手直しをしたくなります。どこかで折り合いをつけない限り、いつまで経っても終わることがありません。

また、どれだけ建築士自身がいいと思っていても、施主（建物の依頼主）が別のプランやデザインのほうがいいと言えばそれまでです。

今も変わっていないだろうと想像するのですが、設計課題提出間際の大学の製図室は、徹夜が続いて変なテンションになっている人が多発します。

しかし、これはどちらかというとポジティブな終わらなさです。高みを目指すがゆえに終わらないのですから。

そうではなくて、早く終わりたいのに終わらないネガティブな設計があります。それはなぜか。間違っているからです。


どんな分野であれ、何か製品をつくろうと思えば、まずは設計図をつくります。設計図を描きながら、あるいは眺めながら、どこか変なところはないかをチェックする。必要であればモックアップをつくる。それにより、つくりにくいところ、実際につくるのが不可能なところ、パーツ同士が干渉するところなどがわかる。

それがわかれば設計図の修正です。

何度か繰り返せば、これでもう間違いないというところまで来るでしょう。後は設計図に従ってつくるだけです。

いろいろな装置が立体的に配置され、多数のパーツでできている自動車は、特に設計が重要になります。デザイン部門やエンジニアリング部門などの部署間で齟齬《そご》があってはなりませんし、製造に入る段階で曖昧な部分が残っているなんてことは許されません。全ての情報が綿密に設計図に納められます。

では建築はどうでしょうか。設計図——建築では設計図書と呼ぶ——が手渡されれば、それを見て、誰でも同じものがつくれるのでしょうか。

本来であればつくれないといけないのでしょうが、おそらく、というよりはほぼ確実につくれません。**建築の図面は未確定な要素が満載**なのです。

基本的に、大体どんな自動車よりも建物のほうが値段は高いです。超高級車と小さな住宅を比べて初めて勝負になります。そうでなければ桁が一つ、二つ、あるいはそれ以上違います。

しかし、設計にかけられるコストがその分だけ増えるわけではありません。大量生産する工業製品である自動車に対し、建築は一品生産だからです。コンビニやチェーンの飲食店であれば同じ形状で建てることもありますが、普通のビルではそんなことはしません。建物1棟ごとに完璧な図面を求めるのは、現在の建築士の繁忙度に鑑みれば現実的ではありません。

また、自動車と違い、建物の工期は長いです。自動車は一つの工場だけで日に何千台と生産することも可能ですが、超高層ビルでは周辺工事も含めれば10年におよぶものも少なくありません。

あなたがビルのオーナーだとして、10年後に完成する建物の細かいところまで、設計段階で決められるでしょうか。

例えば、大型の設備機器は床を補強しないと置けませんが、10年後に設備機器の大きさが変わらないとも限りません。それを予測することは不可能ですから、補強範囲をあえて曖昧なまま残しておくことで、工事が進む中で適宜変更することができます。

まさに工事と設計が並行して行われるわけです。空調用のダクト（建物内の空気を循環・排出するための管）や電気ケーブルを配置するために床や梁にあける孔の位置が変更となる。

思わぬところに床の段差ができ、そのための補強要領が必要となる。

こうしたことは日常茶飯事です。

とはいえ、柱を細くしたり、各階の高さを高くしたりといった対応は稀です。こうした変更をしてしまうと、建物の安全性が担保されなくなってしまうからです。

どうしても変更したいなら、一旦工事をストップし、役所に申請し直し、再度安全性を審査してもらう必要があります。承認が下りるのを待ってからの工事再開となり、工期も延びてしまうことになります。

工事の進捗に応じて未確定事項が消え、それに対応して図面を修正するのは必要な作業です。

しかし、部署間の調整が不十分だったり、見落としがあったりして、柱を留めるボルトと床の仕上げが干渉するといったように、元々納まっていなかったところが顕在化することもあります。

今さら柱の位置を動かせないので、急遽床の仕上げに使う材を変えたり、一部床の仕上げに不自然なところができたりします。

仕方がないと肯定できることではありませんが、こうしたミスは現実問題として存在します。

設計図書ができ、建築基準法に適合していることを審査してもらうための役所への申請が通ったら設計は完了、ではありません。実はそれからが新たな設計フェーズのはじまりでもあります。**工事が無事終わるまで設計も終わりません。**

## 地震の大きさは住んでいるところで変わるか？

確率や統計というのは強力なツールです。いろいろなことに解を与えてくれます。80歳の老人より20歳の若者の生命保険料が低いことに異論を唱える人はいません。近い将来に亡くなる可能性が、老人より若者のほうが低いからです。

これを地震に当てはめるとどうなるでしょうか。

例えば、同じアメリカであっても、西海岸と東海岸とでは地震の発生頻度はまったく違います。西海岸は日本同様に地震頻発地域ですが、東海岸には基本的に地震は起こりません。

アメリカ全土で共通の耐震基準を設定するのは不合理であると感じるでしょう。むしろ東海岸では地震よりもハリケーンが頻発するので、そちらの対策をしたほうが理にかなっています。

では、日本の各地域の地震の発生確率はどうなっているでしょうか。古記録や歴史書を紐解き、露頭した断層や津波堆積物を調べると、過去に起こった地震の規模や時期を推定することができます。つまり、日本各地の地震の発生頻度がわかるということです。

実際、**建築基準法により要求される耐震性は、地域によって異なっています。**

建物の耐震性は、設計の際に想定する地震の大きさによって決まります。大きな地震を想定すれば当然耐震性は高まりますし、小さな地震しか想定しなければ耐震性は下がるわけです。

建築基準法では、「地震地域係数」という係数により、設計時に想定すべき地震の力の大きさを調整しています。基準となる地震の力の大きさが決められており、この力に地震地域係数を乗じることで増減させます。

地震地域係数の値は０・７から１・０まで０・１刻みで定められています。地震の力を増減させる係数なので、値が大きいほど設計時に想定する地震の力が大きくなります。

仙台・東京・名古屋・大阪などの大都市圏を含む太平洋岸は、係数が最大の１・０となる地域が多いですが、日本海側は北陸の一部と近畿地方以外は０・９以下となっています。また、太平洋に面していても、四国や九州南部は０・９となる地域が多いです。北海道北部や九州西部は０・８まで小さくなり、沖縄県に至っては０・７と最小値になります。

しかし、少し考えてみればわかることですが、地震の発生しやすさと発生する地震の大きさは比例しません。１００年に一度断層がズレる地域と５００年に一度断層がズレる地域、いざ地震が発生したときにどちらの揺れが大きくなるかはわかりません。特に後者の揺れが小さくなる理由はないでしょう。

地震のように発生頻度が低いものについては、発生する可能性がどうだ、ということではなく、**地震が発生したらどうなるか、ということを念頭に置くべき**です。

実際、過去に地震地域係数が0・9と低めに設定されている新潟・熊本・北海道・石川で震度7が観測されています。


そもそも、過去に発生した地震の頻度を完璧に把握できるわけでもありません。また、過去の記録が未来に確実に当てはまるわけでもありません。新潟では2004年、2007年、2019年と、震度6強以上の地震が2000年以降に三度も発生しています。


地震地域係数が、本当に地震の発生頻度に応じて決められているのなら、まだわからなくもありません。しかし、必ずしもそうではないから困ります。

沖縄県の地震地域係数が0・7となっているのを見て、沖縄県は地震が少ないのだろうなと思った人も多いでしょう。しかし、実際にはそうではありません。

建築基準法の制定は戦後間もない1950年であり、当時まだ日本に返還されていない沖縄県には適用されていませんでした。その結果、返還までに日本の基準を満たさない建物が多く建てられてしまったようです。

１９７２年に日本に返還された際、日本の法律を適用すると基準を満たさない建物だらけになってしまいます。法律は過去にさかのぼって適用されるわけではないので、ただちに「違法建築」となるわけではありません。

しかし、増改築などを行う場合、増改築後の建物は基準に適合するようにしなくてはなりません。これは建物のオーナーにとって大きな不利益となります。

そこで、鹿児島県の０・８という値と連続性を持たせながらも、できるだけ小さい値ということで０・７が採用されています。

これは工学的な判断ではなく、政治的な判断です。古い建物のオーナーにとって表面上は利益があるようにも思えますが、沖縄県で過去に起こった地震の記録を見れば、きっと青ざめることでしょう。

１９６６年の台湾東方沖地震では与那国島で２名が亡くなっていますし、２０１０年の沖縄本島近海地震はマグニチュード７・２という規模の大きいものでした。

# 拡大再生産される誤情報

いろいろな専門領域において、新しい理論や新しい考え方が日々提案されています。その中には間違っているものもあり、それらは時間の経過の中で淘汰されていきます。最初は誰にも注目されなかった理論の正しさが実証されたり、逆にみんなが信じていた理論に穴が見つかったりします。

もちろんこれは、建築の構造に関しても同様です。ある建物が地震で倒壊してしまった理由は何か、その観測結果の解釈はそれでいいのか、などなど、専門家の間で議論が交わされています。

そのため専門書や教科書では、しっかりとした理論的な裏付けがあるものや、まず間違いないものだけが掲載されます。まだ議論の余地があるものはコラムとして取り上げるか、評価が定まっていないことを明示したうえで掲載する場合が多いです。

しかし、昨今は個人での情報発信が容易です。ブログや動画配信など、いろいろなツールを使って自由に情報発信ができます。有益な情報が手に入りやすくなりましたが、中には間違った情報を無責任に垂れ流しているようなものもあります。

そして一番の問題は、正しい意見が主流になるとは限らず、**間違った意見が正しいかの如く広まってしまう場合がある**ことです。

こうなってしまってはもう収拾がつきません。

日本で建築士として登録されている人数は120万人近くに上ります。そのうちの約3分の1にあたる40万人弱が一級建築士です。そして一級建築士として実務経験を5年積むと、その上位資格である構造設計一級建築士の受験資格が得られます。

構造の専門家と呼べるのは構造設計一級建築士だけですが、2024年時点で1万人強しかいません。

構造設計一級建築士は、主に鉄骨造や鉄筋コンクリート造の建物を取り扱います。木造を専門とする人もいるにはいますが、その数はガクンと下がります。木造は戸建て住宅が圧倒的に多いのですが、その規模の建物であれば構造設計一級建築士の関与は不要だからです。

自分が勤める会社のビルの耐震性を気にする人はそれほど多くありません。地震で多少傾こうとも、賃貸であれば引っ越すだけですし、仮に会社が保有しているビルであっても個人の懐は痛まないからでしょう。

個人に求められているのは、木造の戸建て住宅に関する情報です。そしてその需要に応えて情報発信するのは、木造の戸建て住宅を扱う工務店や設計事務所です。そこに構造設計一級建築士はほとんどいません。

質問に対する回答はシンプルなものが好まれます。とにかくこうすればよい、絶対にこうすべきだ、という言い切りの表現です。場合によっては違う、だとか、やり過ぎると逆効果になる、というのはシンプルな回答ではありません。

インターネットの世界ではわかりやすさが優先されるので、正確な表現というのは敬遠される傾向にあります。正確な表現を心がけると、あいつは説明が下手だ、という烙印すら押されかねません。

しかし、建築の構造、あるいは耐震工学というのはそんなに簡単なものではありません。というより、どの専門分野でもそうです。シンプルに回答できることもあれば、できないこともあります。それがわからず、無理にシンプルにしてしまうことで情報が変質し、嘘・間違い・誤情報となるのです。

伝統構法の建物が地震に強いというのもその一例です。第2章で取り上げましたが、伝統構法は過去の地震で大きく被害を受けています。しかし、たまたま伝統構法の建物が被害を受けず、新しい建物が被害を受けた地域があると、やはり伝統構法はすごい、日本の大工はすごい、という説が流れてしまいます。

そして質《たち》が悪いことに、そうした情報のほうがシンプルなために受けがいい。

では誰がその拡散を止めるのでしょうか。ごく一部の、心ある構造設計一級建築士です。しかし圧倒的多数の**その他の建築士はむしろ誤情報の拡大再生産を行っています。**もちろん間違った情報を広めてやろうという悪意からではなく、正しい情報を届けたいという善意からです。

目の前には伝統構法の建物が無傷で残り、新しい建物が倒壊している。そうした状況において、「伝統構法は別に強くないんですよ、なぜならこういう理由がありまして」と一般の人に納得してもらうのは簡単ではありません。どうしても長々とその理由を説明しなくてはならなくなります。それよりも、「日本の長い歴史の中で生まれた伝統構法はやっぱりすごかったんですね」という一言のほうがシンプルでわかりやすい。

そうして、構造設計一級建築士からの貴重な情報は少数派のキワモノの意見として埋もれていくのです。

耐震が難しいのは、その建物が地震に耐えられるかどうかの答え合わせが数十年、あるいは数百年に一度しかできないことです。また、建物ごとに条件がまったく違うので、答え合わせ自体が難しい。

そのため、**大地震が起こるまでは間違った情報を流し続けてもばれませんし、仮に起こってもばれない可能性が高い**のです。

なんとも嘘がまかり通りやすい状況がお膳立てされているものです。

# 間違いより怖い「無知」

本章では、建築の構造に関する過去の間違い、現在進行形の間違い、そしてこれからも起こるだろう未来の間違いをいくつか挙げました。

過去の間違いの多くは理論や技術が未熟だったからですが、間違いを犯したおかげで新しい知見が得られ、次のステージへと進む足掛かりとなっています。人命に関わる分野ですから間違ってよかったということは絶対にあり得ませんが、間違いを無駄にはしていません。

問題なのは、今現在目の前に放置されている間違いがあるということです。それ自体が間違いです。

未知ゆえに間違うことはあります。ですが、無知ではいけません。間違った状況に長く置かれると、その状況が当たり前になってしまいます。経験を積めば積むほど目の前の間違いを見逃してしまう。そんなときは若手の意見を聞いてみましょう。知識のアップデートを怠っているベテランより、最近まで大学や大学院で最新の研究テーマに触れてきた若手のほうが、状況がよく見えているかもしれません。

この本を手に取ってくれている方の多くは、「いい国（1192年）つくろう鎌倉幕府」と習ったことでしょう。しかし今では「いい箱（1185年）つくろう」と習います。常識は常に変化しているのです。

また、前提となる規準や法律を疑うことも重要です。そこに書かれている数字一つ一つには意味があり、先人たちが知恵を絞って決めています。本来の意味を取り違えていないか、初心に返って考えてみる必要があります。

勝手な解釈をして、適用範囲を超えるような使い方をしていないでしょうか。

結局のところ、構造という分野はわかっていないことが非常に多いのです。

こういう時こそ「無知の知」です。**私は構造のことをわかっていないということを知っている、**という態度が間違いに気づかせてくれるはずです。

# 第4章

# 建築とは、テキトーである

# 意外にテキトーな構造計算

建築のデザインのよし悪しを数字で表すことは簡単ではありません。なんとなく好き、雰囲気がいい、というのは主観的なものですし、数字で表すようなものでもないからです。

それに対し、耐震性は数字で表すものです。地震によって建物が5㎝変形する、この柱は400トンまで支えられる、というように、全てを数字にして考えます。ですから、建物が2棟あれば、どちらの耐震性が高いか、客観的に比べることもできます。

数字を取り扱うのですから、大体これくらいの値にしておけばいいかな、というような曖昧なことはできません。しっかりと建築基準法に定められた数字を使って構造計算を行います。

しかし、実際に構造計算の中身を見てみると、とても精緻な計算をしているようには思えないところがたくさんあります。有り体《あ　てい》に言うと、ものすごく「テキトー」なことをしているように見えるのです。

建築の構造における「テキトー」な部分を見ていくことで、これまでとは建築の見え方が違ってくることでしょう。

# 木の強さなんてわかりません

建築に使用される木材の種類は様々です。スギがもっとも一般的ですが、他にもヒノキ、マツ、クリ、ケヤキなど、いろいろなものがあります。木の種類によって加工のしやすさや耐久性、耐水性などが違うので適材適所で選定します。もちろん強さも違うので、大きな力がかかるところには強いものを使ったほうがいいわけです。

木は自然材料ですから、種類が同じであっても一本一本の品質にはばらつきがあります。隣同士に生えていた2本の木のうち、その1本をどれだけ詳しく調べたとしても、残りの1本の品質はまったく予測できません。

生育条件が同じであったとしても、「赤の他人」なのだから仕方がありません。

建物の構造に使用する木材の品質は、日本農林規格（JAS）に定められています。

構造用の製材には二つの区分があり、一つが「機械等級区分」です。細長い材を水平に置き、上から機械でグッと押したときの曲がり具合などから等級を判定します。あまり曲がらなければ堅い材ということになりますが、堅い材＝品質のいい材です。

もう一つの区分が「目視等級区分」です。文字通り目で見て判定します。なんだか急にアバウトな感じになりましたが、割れなどの欠点の有無を細かくチェックすることでそれなりの精度が確保されているようです。

見た目のよさに応じてよいものから順に1級、2級、3級に区分されます。

しかし、そもそもJASに適合した材を必ず使用しなければいけないわけでもありません。ＪＡＳの区分によらない「無等級」の材も存在します。機械や目視で調べなくても、つまり一切の検査をしなくても、過去に検査した木材のデータの蓄積から「これくらいの強さはきっとあるだろう」ということがわかるので、建築基準法にも規定されています。

**目で見て判定すると聞いても曖昧な印象を受けますが、木の世界にはそれよりさらに下がある**のです。

ところで、木の強さはどうやって測ればいいのでしょうか。もちろん潰す、引っ張る、折る、といったやり方で調べられてはいるのですが、調べた後は当然壊れてしまいます。これでは強さがわかっても、建物には使えません。これからこの家の柱に使おう、と思っている材の強さを直接知る方法はなく、推定に頼るしかないのです。機械等級区分の場合は材の「堅さ」から、目視等級区分の場合は材の「見た目のよさ」から強さを決めることになります。

本当に「堅さ」や「見た目のよさ」から強さがわかるのでしょうか。

わかると言えばわかるし、わからないと言えばわからない、というのがその答えです。

見た目は数値化が難しいですが、見た目のよい1級が相対的に強く、3級が弱いという傾向は出ます。割れなど、木材が弱くなる要因の有無が、見た目の評価にも関わってくるからです。

また、堅さと強さにはしっかりと相関があり、堅ければ堅いほど強くなることが各種の実験からわかっています。しかしその精度はというとなかなか粗い。同じような堅さの木材であっても、実際に壊してみると、強さがまったく違うということは頻繁に起こります。そのため、過去の実験で得られた強さの平均値と同じ強さがあると見込んでしまうと、実際にはそれほど強くない材が混ざってしまうことになってしまいます。

そこで、木の強さは過去の実験の平均値ではなく、これより弱くなるものはほとんどないだろう、という値を用いて計算されています。これであればかなり安心でしょう。また、計算には安全率が見込まれているので、仮にもっと弱い材が一部混ざっていたとしても、それだけで建物が壊れることはありません。

日本の国土に占める森林の割合は約3分の2と高く、これは世界でもトップクラスです。現状では輸入木材に頼る部分も多いですが、木材供給に関しては高いポテンシャルを持っていると言えます。いかに国内の木材を使用していくかというのは、建築業界の大きな課題の一つです。

木というばらつきの大きい材を、事細かに調べ上げて詳細に区分けすることは難しいのです。仮に詳細な区分けができたとしても、手間や費用が増大し、グレードが高すぎる材も、低すぎる材も使用しづらくなります。また、グレードが増えれば設計も煩雑になり、現場での取り違えも起こりやすくなります。

ばらつきが大きいのなら、ばらつきが大きいなりに使えるようにする、つまり**目視や無等級の材を許容するような緩い取り扱いが結局適しているる**のです。

# コンクリートはそこそこ硬けりゃいい

建物を構成する部材が硬いか柔らかいか、これは非常に重要なことです。家具や設備機器を置いたときに床がどれくらい変形するかは硬さ次第ですし、地震や風で建物がどのように揺れるかも、部材の硬さの影響を受けます。部材の硬さがわからなければ検討できないことは多いのです。

硬さには二つの種類があります。「形」が持つ硬さと「材料」が持つ硬さです。細い棒より太い棒のほうが硬い、これは形が持つ硬さ。木の棒より鉄の棒のほうが硬い、これは材料が持つ硬さです。形が持つ硬さと材料が持つ硬さの掛け合わせをチェックすることで、その部材の硬さがわかります。

鉄筋コンクリート造の建物は硬いと言われますが、実はコンクリート自体は大して硬い材料ではありません。木と比べれば数倍は硬いですが、鉄と比べると10分の1程度です。その代わり、各部材が太い。しかも、ただ太いだけではなく、中までみっちりとコンクリートが詰まっています。

材料が持つ硬さの不足を、形が持つ硬さによって補っているということです。

鉄は、「強いもの」も「弱いもの」も硬さは変わりません。強い鉄と弱い鉄で同じ太さの棒をつくり、同じ大きさの力で引っ張れば、どちらも同じだけ伸びます。ただ、引っ張る力をどんどん大きくしていくと、先に千切れてしまうのは弱い鉄のほうです。強い鉄は、弱い鉄よりも大きく伸びるまで千切れません。

一方、コンクリートや木は、強さと硬さに相関があり、強いものほど硬い傾向にあります。

木材は硬さと強さが概ね比例します。ばらつきは大きいものの、ざっくり言ってしまえば硬さが2倍なら強さも2倍になる、ということです。

それに対し、コンクリートは硬さと強さが比例しません。強くすれば硬くはなるものの、その度合いが低く、硬さは強さの3分の1乗（立方根）に比例するだけです。これは、8倍（$=2^3$）強いコンクリートをつくったとしても、硬さは2倍（$=8^{1/3}$）にしかならないということです。

強いコンクリートをつくるには相応のコストがかかります。そのため、鉄筋コンクリート造の建物の変形を小さくしたいなら、使用する材料を硬くするよりも、部材を太くしたほうが効率がよいことになります。


コンクリートはセメント・水・砂・砂利を混ぜ合わせたものですが、このうちセメントと水が体積の約30％を占めます。残りの70％が砂や砂利、混ぜるときに混入する空気などになります。

砂や砂利は山や川から取ってきた自然の素材です。また、混ぜ合わせ自体は工場の品質管理された中で行われますが、最終的に固まって建物の一部となるのは屋外の工事現場です。木材ほどではありませんが、品質のばらつきは大きいのです。

コンクリートの強さの確認には、建物に使用したものと同じコンクリートでつくった試験体を用います。この試験体を潰したときの強さが、設計時に想定していた強さよりも大きければ試験は合格です。仮に強さが不足していた場合、そのコンクリートを使ってつくった範囲は取り壊してやり直しになります。

しかし、硬さについてはなぜか少し寛容です。試験体を潰したときの硬さが、コンクリートの強さから計算される硬さの80％以上となっていれば、コンクリートの品質は問題なしとなります。

コンクリートは、**そこそこ硬ければ、設計時に想定したよりも柔らかくていい**のです。

なぜ柔らかくても（そこそこ硬ければ）いいのか、いまいちわかりません。

確かにコンクリートの硬さはばらつきが大きく、同じ強さでも硬さが2倍以上違うこともあります。使用している砂や砂利の性質にも大きく影響されます。狙った性能を出すのは簡単ではありません。

それに加え、鉄筋コンクリート造は複雑です。木造や鉄骨造は木や鉄だけでできていますが、鉄筋コンクリート造は鉄とコンクリートが一体となった複合構造です。ひびが入るかどうかでも硬さは極端に変化しますし、鉄筋の影響が大きいときもあります。
そもそもよくわからないことが多いのです。

木は材料が持つばらつきが大きいため、あまり細かいことを気にしないことによりうまく扱うことができます。コンクリートは、材料が持つばらつきが大きいのもさることながら、構造の複雑さがわからなさに拍車をかけます。であれば、硬さが想定の80％もあればもう十分ということでしょうか。

幸いなことに、コンクリートの床が重力によって垂れ下がってしまって困った、という事例はあまりありません。コンクリートの硬さは計算値の80％以上あればよい、という現在の運用でコンクリートの硬さが実用上問題になることは少ないようです。

# 一番カンタンな計算で済ませましょう

建物の安全性を確認する手段として「構造計算」があります。重力や地震によって、「建物に作用する力」よりも「建物が耐えられる力」のほうが大きいことを計算により確認します。

構造計算により、建物の各部にどんな力がかかるのか、どのくらい変形するのかがわかります。そして計算結果を基に、建物の持つ性能が法の規定を満たしているのか、顧客の要望する水準に達しているのかを判断します。

構造設計者の重要な仕事の一つです。

構造計算では、重力に対する検討と、地震に対する検討は分けて行われます。

柱が建物の重さを支えていられるか、リビングにグランドピアノを置いても床が抜けないか、という重力に対する検討は簡単です。朝と昼で建物の重さは変わったりしませんし、グランドピアノが勝手に飛び跳ねたりもしません。

ずっと一定の力がかかるだけなので、「揺れる」という動的な現象を考えなくて済むからです。

それに対し、地震に対する検討は途端に難度が上がります。地面が右に左に、上に下にとガタガタ、グラグラ好き勝手に揺れ動く。建物にかかる力は、向きも大きさも時々刻々と変わる。当然建物の動きも時々刻々と変わる。

これらの値を求めるには膨大な量の計算を繰り返す必要があるので、とても紙とペンと電卓だけではできません。

解析用のプログラムを使えば大した手間ではありませんが、それはコンピュータが整備されている今だからこそできることです。安全な建物がつくれるよう、昔は簡単な計算で代用するしかありませんでした。

図10　ゆっくり押す

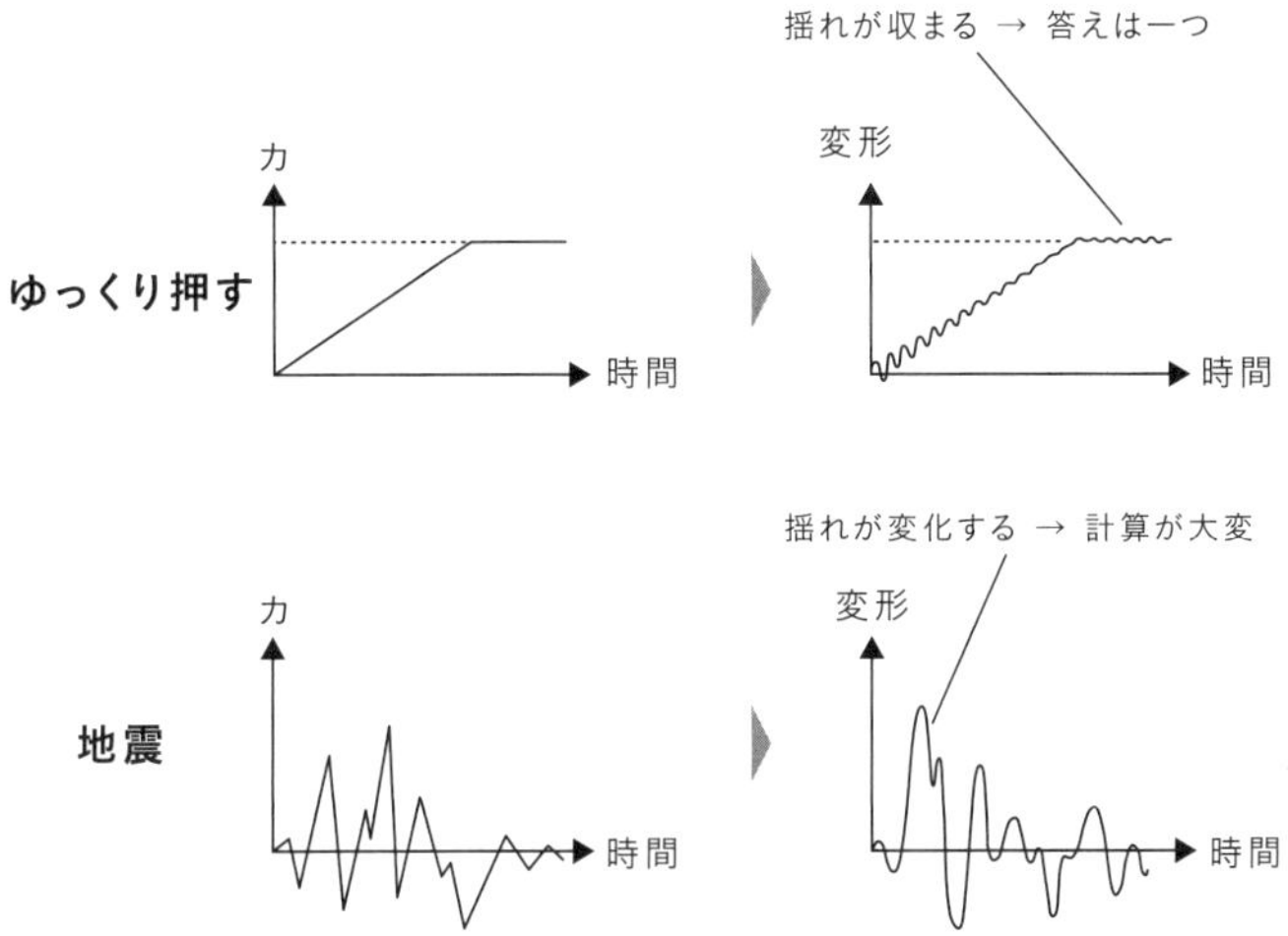


どうすれば地震という複雑な現象を、コンピュータなどを使わずに計算できるシンプルな事象に置き換えられるでしょうか。

それは20世紀の初頭に、佐野《さの》利器《としかた》という日本人学者から提案されました。地震を「建物を横からゆっくり押す力」として考えてはどうか、という画期的な方法です。驚くほど単純化されています。

ゆっくりとした力であれば揺れることを考えなくても済みます。

バネにオモリをつけ、オモリを支えている手を急に離すと、オモリは上下にビヨンビヨンと揺れます。しかし、バネの伸びに合わせて少しずつオモリを支える力を抜いていけば、オモリは揺れずに静止します。

揺れずに一定の力がかかるだけであれば、重力のときと同じように計算することができます。あとは、建物を押す力の大きさを決めれば答えが求められます。

この手法は1924年に市街地建築物法に取り入れられ、世界で初めて法制化された地震に対する設計法となりました。そして1981年に耐震基準が改正されるまで、日本では唯一の設計法でもありました。


現在、構造計算の方法は大きく分けて四つあります。許容応力度計算、保有水平耐力計算、限界耐力計算、そして時《じ》刻《こく》歴《れき》応《おう》答《とう》解《かい》析《せき》です。建物の規模や構造に応じて適切な方法を選定します。


今では建物を横からゆっくり押すという単純化をする必要はありません。規模の大きい建物であっても、地震でどう揺れるかは一般的な市販のパソコンでも計算できてしまうからです。

しかし、依然として「建物を横からゆっくり押す」という考えは有効です。

構造計算の目的は、**地震によって建物がどう揺れるかを解き明かすことではなく、地震に対して安全かどうかを確認すること**だからです。どの計算方法でも安全性が確認できるのであれば、できるだけ楽なほうがいいに決まっています。そして、「ゆっくり押す」という考えは楽なのです。

そのため、相変わらずほとんどの建物が、「ゆっくり押す」という考えに基づいて地震に対する安全性を確認しています。

コンピュータがいかに高速化し、計算方法がどれだけ進歩しようとも、人間の情報処理能力は昔からほとんど変わっていません。地震を複雑なまま考え、複雑な計算を行い、複雑な結果を見ても、そう簡単には理解できません。

また、高度な計算をしようと思えば、それだけ高度な知識も求められます。

そんなことをしなくても、これまでも安全な建物はつくられてきたのです。事実、戸建て住宅では、複雑な計算による安全性の検証が行われることはまずありませんが、近年建設されたものであれば地震による被害はほとんど出ていません。

また、実際問題として、全ての建物に対して高度な計算をするほど人的余裕はありません。

建物の揺れを真面目に考えると検討項目が大幅に増えるため、設計するのは大変です。さらに、設計側だけでなく、構造計算の内容を審査する自治体や民間の機関でも相当な労力を要します。それらの機関の人員では対処できないので、大学教授などの学識経験者を集めなくてはなりません。

いちいち小規模な建物に対してそんなことはやっていられないでしょう。当然それはコストにも跳ね返ってきます。設計期間の長期化、設計者の人件費、審査費用、どれも小さくはありません。

建築にとっては、**極限まで簡単にした計算を行うのがちょうどいい**のです。

# 壁さえあればそれでよし

構造計算というのはそれなりに大変です。もっともシンプルな計算方法でも、構造を専門としていない建築士にはどこから手を付けていいかわからないでしょう。

もしもっと簡易な検討だけで建物の安全性が確認できるのなら、それに越したことはありません。設計を行う建築士にとっても、審査を行う自治体などにとっても、かなりの省力化になるでしょう。

さすがに地震の多い日本ではそんなこと危なっかしくてできない、と思うでしょうか。実はそうでもありません。実際に構造計算をしていない建物はたくさんあります。もしあなたが木造住宅に住んでいるのなら、その可能性は高いでしょう。

現在の耐震基準では、3階建ての木造住宅であれば構造計算は必須です。しかし、平屋か2階建てであれば、よほどの豪邸でない限りは必須ではありません。もちろん、地震に対してなんの検討もしないということではなく、簡易な検討だけでよいということです。

この簡易な検討を「壁量計算」と言います。計算とは付いていますが、構造計算ではありません。検討の内容は、**壁の量（設置した壁の強さと壁の幅をかけたものの総和）さえ十分にあればそれでよい**、という非常にシンプルなものです。

電卓があれば事足りるレベルなので、やり方さえわかってしまえばあっという間です。

壁の量を確保すると言っても、ただの壁があればいいわけではありません。地震の力に耐えられる「耐力壁」の量が重要です。

耐力壁とは、合板（薄い木の板を重ねて接着剤で貼り合わせた厚みのある板）などを、所定の本数の釘を用いて柱や梁に留め付けたものです。釘の本数が不足していると、地震の力に耐えられないので耐力壁とはなりません。

そのため、一見壁がたくさんあるように見える建物であっても、それが耐力壁でない限りは壁の量が不足しているということになります。

柱を太くすれば、耐力壁がなくても地震に強い家にできるように思うかもしれません。しかし、現代の木造住宅の柱は細く、多少太くしたからといって耐震性を上げる効果はほとんど期待できません。また、柱と他の部材とのつなぎ目もゆるゆるで、力に抵抗しようにも、柱の根元が回転してしまって用をなしません。

柱が耐震性に寄与しない以上、耐力壁の多寡がそのまま耐震性に直結することになります。

必要な耐力壁の量が初めて規定されたのは、1950年の建築基準法制定時です。それ以来何度か改正されましたが、1981年以降は変わっていません。1980年代に建てられた古い住宅でも、耐力壁の量は十分にあることになります。

しかし、さすがにわかると思いますが、耐力壁の量だけあれば万事よし、耐震性には何ら問題ありません、とはいきません。

壁の量が足りていてもダメなことはあります。確かに1981年以降の建物は地震被害が小さくなりましたが、耐力壁の量だけでは耐震性を完璧にすることはできません。そこをケアしたのが2000年の改正です。

この改正では、耐力壁の配置のバランスについても検討するように求めています。どこかに耐力壁を偏らせるのではなく、建物全体に均等に配置するほうが耐震性は高まります。

建物南面は採光のために窓が多くなりがちで、壁は少なくなる傾向にあります。その結果、北面と南面の耐力壁の量がアンバランスになってしまい、1995年の兵庫県南部地震では、南面が大きく変形して壊れる建物が多数ありました。

また、耐力壁とその他の部材とをつなぐ金物についてもしっかりと規定されるようになりました。金物とは、木材同士をつなげるための金属の添え板です。木を切り欠いて相互にはめ込む、昔ながらの方法に代わるものです。

いくら耐力壁がたくさんあり、バランスよく配置されていても、耐力壁が所定の力を発揮できなければ意味がありません。金物が弱いと、耐力壁よりも先につなぎ目が壊れてしまうからです。

とはいえ、壁の配置がきれいに左右対称で、適切な金物を使用していても、耐力壁の量が足りていなければ耐震性は低くなります。逆に、耐力壁の配置が片側に寄っていて、金物もいい加減な選定がされていたとしても、耐力壁があり余るほどあれば耐震性は高くなります。

**まずは何より耐力壁の量**なのです。

また、構造計算をした耐力壁の量がギリギリの建物と、壁量計算をした耐力壁の量に余裕がある建物とでは、耐力壁の量が多い後者のほうが強くなる可能性もあります。別に構造計算をしたから建物が強くなるのではなくて、構造計算により設計の不備が見つかることで、その部分の手当てができるから強くなるのです。

小難しい計算をあれこれするよりも、まずは耐力壁の量を確保することから始めれば大体うまくいきます。

# 地盤には3種類しかありません

建物の構造というのは不確定な要素が多いものです。木やコンクリートは材料としてのばらつきが大きく、また、実際にどんな地震が起こるかわからないので、建物に作用する力もあくまでも想定です。

いろいろわからないことがある、ということを受け入れないと設計ができません。

そんな中でも、特によくわからないのが地盤です。

設計に先立って、地盤調査会社によりスウェーデン式サウンディング試験や標準貫入試験といった、地盤の特性を把握するための試験が行われます。しかし、そこからわかることは限られています。

地盤の調査は、実際に建設予定地に赴き、地面に細長い棒を突き刺したり、小さな孔をあけたりして行われます。広い敷地に対し、棒の先や孔といったわずかな点からしか地盤の情報を得ることはできないのです。

また、敷地が広ければ何か所も調査を行いますが、場所によって出てくる地盤の強さや硬さは違います。地上では平らに見える敷地であっても、地中では地盤が大きく傾いているからです。

建物を支えられるだけの強い地盤が浅いところになければ、強い地盤が出るまで調査は続けられます。場合によっては深さ数十mにおよびます。その間には粘土や砂、礫《れき》といったいろいろな層が折り重なっています。

硬さもまちまちで、カチカチな層が出たかと思えば、その下にズブズブな層があることもあります。カチカチな層でも、ある程度厚みがなければ建物を支えることはできません。カチカチな層が薄く、その下にズブズブな層があるのであれば、調査は続行です。

建物を支えるには、少なくとも強い層が連続して数m出てくる必要があります。

建物を支えることだけが目的であれば、途中でどんな層があろうとあまり関係ありません。建物の基礎の下に接するところか、杭の先端付近のところしか影響しないからです。

しかし、地震のことを考えるとそうはいきません。震源から建物まで揺れが伝わってくる間に、その経路にある地盤の影響を受けて地面の揺れ方の特性が変化するからです。

地面がガタガタと小刻みに揺れるのか、グラグラとゆっくり大きく揺れるのかで、建物の揺れ方も変わります。地盤の影響を考慮しないと安全な建物を設計できないことがわかるでしょう。

しかし、いちいち全ての建物で地盤の効果を正確に評価することは難しい。建築士は建築の専門家であって、地盤を得意としている建築士は少ないからです。

構造設計一級建築士でもそれは同じです。やはりある程度簡略化した方法が必要となります。

それが「地盤種別」の設定です。

地盤種別とは、建物直下の地盤の締まり具合に応じて分類されるもので、第一種地盤がとても硬い地盤、第二種地盤が普通の地盤、そして第三種地盤がとても軟らかい地盤となります。

どの種別になるかは、地盤が揺れたときに揺れが1往復するのにかかる時間（地盤の周期）で決まります。

建物直下の地盤の状況は様々で、建物の数だけあると言えますが、それにもかかわらず、**たった3種類しか地盤の種別は設定されていません**。現状の地盤調査の結果からだけでは、それ以上の細かい分類が難しいのが一因でしょう。

そして、この種別に応じて、設計時に建物に作用させる地震の力を増減させるのです。

硬く締まった第一種地盤では、もっとも地震の力が小さくなります。反対に、緩い第三種地盤では相対的に地震の力は大きくなります。第一種地盤と第三種地盤とで、設計時に想定する地震の力が2倍違うこともあります。

どちらの地盤種別に割り振られるかで、構造計算の内容は大きく変わることになります。

地盤の特性というのは地盤の周期だけでわかるものではなく、ましてや明確に三つに分類できるようなものでもありません。人間が便宜的に設定しているだけです。

そんなあやふやなものによって、設計時に想定する地震の力が大きく変わってしまう、ということを意識しておく必要があります。

ただ、実際に地盤の種別が問題となることは多くありません。基本的に、地盤の種別は普通の地盤である第二種地盤になるからです。第一種地盤や第三種地盤に出会うことはなかなかありません。

ということは、大体どんな地盤であっても地盤の違いによる地震の力の変化を考慮しないで設計を行うことになります。

地盤の種別が耐震基準上三つしかなかろうと、それ自体は本質的なことではありません。設計者自身が地盤の調査報告書を読み解き、どのようなスペックの設計をしたいか考えることが重要です。

しかしまあ、なんとも粗い評価があったものです。

# ビルをダンゴと考える

重力や地震によって建物の各部に生じる力の大きさは、構造計算により求めることができます。力の大きさがわかれば、柱の太さや鉄筋の量を決めることができます。

しかし、構造計算を行うには、まず建物という構造物をシンプルな形状に置き換えなくてはなりません。そのまま計算するには、建物は大きく、複雑すぎるからです。

この置き換えを「モデル化」と言い、置き換えられたものが「解析モデル」です。

構造計算におけるモデル化とは、重力や地震によって建物に何が起こるのかを理解するために、建物の構造をその本質を残したまま単純化することです。

壁をモデル化する場合を考えてみましょう。

壁は高さ・幅・厚さのある三次元の部材なので、「直方体」だと考えるのがもっとも実情に即しています。しかし、高さや幅に比べて厚さは小さく、面的な二次元の広がりを持つ部材とも考えられます。そのため、「平面」としてモデル化しても構いません。

また、壁が持つ硬さを「ズレにくさ」と捉えれば、変形に応じて力を発揮する部材、と考えることもできます。変形には大きい・小さいしかないので、一次元の部材となります。

ここまで単純化することができました。


このように、同じ壁のモデル化であっても一次元から三次元、そのどれでもモデル化が可能です。次元が高いほど計算の精度も上がりますが、必要な精度に応じて使い分けます。

そして、この直方体や平面といった、壁の本質を残して単純化された要素が解析モデルとなります。


現代の構造計算においては、全ての柱や梁を一本一本、建物の形状に合わせてモデル化するのが一般的です。

床や壁は別としても、建物の骨組みは細い部材でできていることが多いため、「曲がりにくさ」と「伸びにくさ」を持つ細い棒状の部材に置き換えることができます。

建物の規模が大きくなると、それだけ解析モデルのデータ容量も大きくなります。超高層ビルになると柱だけでも1000本を超えるので、解析に時間がかかります。

重力のように一定で変化しない力に対しては、一度の計算で建物の各部にかかる力の大きさを求められますが、地震のように力の大きさや向きが変わるものに対しては、数千回、あるいは数万回計算を繰り返さないといけません。

場合によっては解析に何時間、何日もかかってしまうことがあります。

建物の設計が完了するまでには何度も柱の大きさを変えたり、使用する材料を変えたりと試行錯誤を繰り返すので、解析を行うのも一度や二度ではありません。

解析のたびに何時間も待たされるのでは、いつまで経っても設計が進まなくなってしまいます。一瞬で解析が終わってしまうような、もっとシンプルな解析モデルが必要です。

それが「ダンゴ」です。

ダンゴとは、建物を極限まで単純化した解析モデルの俗称です。

建物の揺れ方は建物の重さと硬さによって決まりますが、重さは柱や床など建物の全ての部分に存在しますし、硬さも各柱や壁がそれぞれ持っています。

これを極限まで単純化し、「オモリ」と「バネ」に変えてしまいます。

オモリとは、重さを集中させた小さな点です。平面的に大きな建物であっても、その階の重さをまとめたオモリ一つに置き換えて考えることができます。

バネとは、伸び縮みに応じて力を発揮する部材です。建物にはいくつもの柱や壁がありますが、同じ階にある柱や壁の変形のしにくさ（硬さ）をまとめて、一つのバネに置き換えることができます。

こうして、建物を複数の「オモリ」と「バネ」だけでモデル化したものを「質点系モデル」と呼びます。数ある解析モデルの中でも、もっとも単純なモデルと言えます。

各階を一つのオモリと一つのバネに置き換えるので、質点系モデルでは、10階建ての建物なら、10個のオモリと10個のバネになります。

質点系モデルの図を描く場合、オモリは「●」で表すことが多いです。バネはギザギザの線で表すこともありますが、シンプルに描きたい時は「—」で済ませます。

図11 質点系モデル

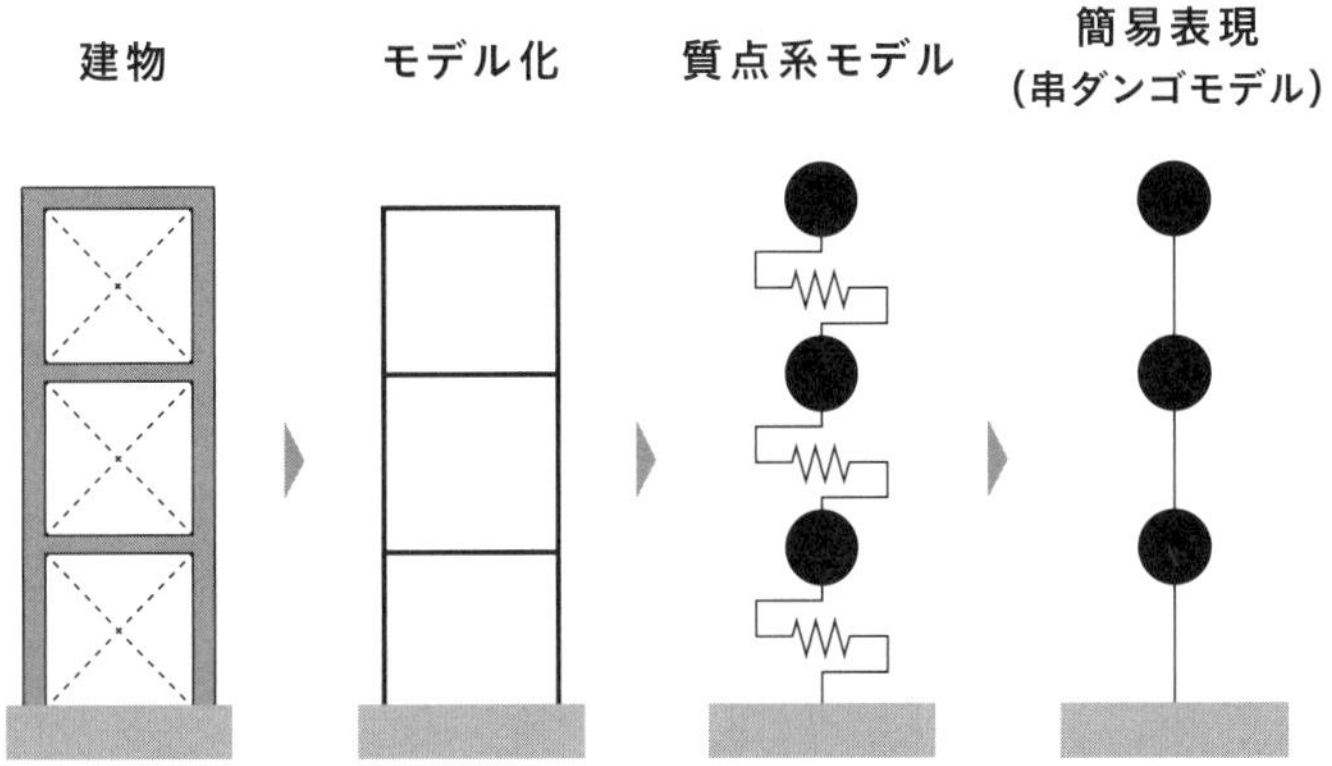


この「●」と「─」が繋がった形状、「●─●─●─」がダンゴのように見えることから**「串ダンゴモデル」とも呼ばれ**ます。俗称のため、教科書や論文には出てきませんが、口頭であれば大学の講義や学会でも普通に使われる言葉です。

建物のような複雑なものを、ただのオモリやバネだけで本当に表現できるのか、疑問に思った読者もいるかもしれません。

実は建物の重さというのは、そのほとんどが床の高さに集中しています。床は各階の概ね全面を覆っているのでボリュームが大きく、人やモノが載るのも床だからです。

また、床というのは大きな1枚の板状の部材なので、線状の部材である柱や梁に比べて硬く、あまり変形しません。

そのため、地震時に床のある部分が東に、他の部分が西に動く、ということはなく、動くならその階の床全体が東あるいは西にまとまって動くことになります。

重さの大半が床に集中しており、そしてその床がまとまって動くので、一つのオモリと一つのバネに置き換えても計算の精度を保つことができるのです。

質点系モデルは単純ではありますが、というよりは単純であるからこそ、いろいろな建物に適用できます。事実、2000年代までは、ほとんどが**質点系モデルを使って地震時の建物の揺れを計算**していました。

「地面がまずこう揺れるとオモリはこう揺れる、次に地面がこう揺れるとオモリはこう揺れる、その次に地面が……」という計算を延々と繰り返していくことで、オモリがどのように動くかを知ることができます。

東京都庁のように頂部で建物が二つに分かれているのであれば、頂部だけオモリを二つにすれば対応できます。鉄橋のようなものでも、超高層ビルを横に倒したものと考えれば、難なくモデル化できます。

「串ダンゴ」というふざけた呼び名の割に、非常に実用的なモデルなのです。

ただし、適用範囲には注意が必要です。いろいろと使い勝手のよい質点系モデルではありますが、単純な分、モデル化に際して切り捨てていることも多いからです。

何が考慮できていて何が考慮できていないのか、構造設計者なら必ず把握しておかないといけません。解析プログラムによる計算結果を盲目的に信じていると、痛い目に遭います。

## 「偽装」しても大丈夫？

自動車業界や食品業界での偽装・不祥事は大きな社会問題となります。身近な問題であるとともに、場合によっては生死にかかわるからです。

そしてそれは建築業界でも同じです。地震で建物が倒壊したり、強風で瓦が外れて飛んだりすれば命が危うくなります。

しかし、残念ながら決して不祥事が少ない業界ではありません。2000年代に発覚した構造に関する不祥事に限っても以下のようなものがあります。

2005年11月、A元一級建築士が「構造計算書」(建物の安全性を検証した結果をまとめた書類)の偽装を行っていることが明らかになりました。

工事を請け負った業者が不審に思い、設計事務所に調査を依頼したことがきっかけです。構造設計を専門とする一級建築士が、構造計算用のプログラムの計算結果を改竄《かいざん》し、行政や指定機関が行う確認・検査をすり抜けていました。その結果、国の耐震基準に満たない、つまり地震に対する安全性が確保されていない建物が、関東圏を中心に100件近く存在します。

2015年3月、東洋ゴム工業(現TOYO TIRES)が製造する免震ゴムの不正が社内通報により明らかになりました。

病院や庁舎を含め多くの建物が当該免震ゴムを使用しており、建築の品質に関する信頼が大きく揺らぎました。不正があったと考えられる免震ゴムの全数を取り換える予定としています。

２０２４年７月末時点で１５４棟中１５１棟の取り換えが完了。

２０１５年10月に横浜市、２０２０年５月に福岡市の、マンションの傾斜問題が報じられました。横浜市のほうは杭工事の不具合および報告書のデータ転用・加筆が判明しています。マンションが傾斜し、調査が行われたことで発覚しました。

福岡市のほうは杭の先端が所定の地盤まで達していなかったことによります。入居開始直後から外壁のひび割れや建物の傾斜などの不具合をマンションの住人が訴えており、竣工後25年が経過してようやく訴えが受け入れられました。

２０１８年10月、ＫＹＢ（カヤバ株式会社）とその子会社のカヤバマシナリーが「免震用オイルダンパー」および「制振用オイルダンパー」の検査データを改竄していることが明らかになりました。

ダンパーとは、建物の揺れを小さくするための特殊な装置です。そしてオイルダンパーとは、ダンパーの伸縮に応じて内部のオイルを循環させ、循環に伴う抵抗により、揺れのエネルギーを熱エネルギーに変換する装置です。全国で1000件近い建物に使用されているようで、再び建築の品質に関する信頼が大きく揺らぎました。

2024年7月末時点で981物件が交換等完了、行政や関係者との調整中が5物件。

こうしてみると、かなりの数の不祥事があったことがわかります。その結果、建築士法の改正による制度変更、製品調達の長期化、要求変更への対応など、業界にも多大な影響が出ました。

偽装により人的被害が出ていないことだけが救いです。

なぜ偽装された建物で人的被害が出なかったのか、端的に言えば、そもそも大きな地震が起こっていないからです。杭の偽装は別としても、地震が起こらなければ基本的に建物に問題は起こらず、中にいる人が気づくこともありません。

では、誰も偽装に気づかずにそのまま住み続け、実際に大きな地震が起こった場合にはどうなっていたのでしょうか。

まず杭の不具合による傾斜の事例ですが、偽装のあった杭周辺の部材は、設計当初の想定よりも大きく損傷する可能性が高いでしょう。しかし、建物全体におよぼす影響としては小さいこともあり得ます。

建物に部分的な損傷が生じても、建物全体が倒壊に至るとは限らないのです。実際、ただちに全住人は避難してください、というような話にはなっていません。

次に免震ゴムとオイルダンパーの偽装についてですが、建築に使用される各種装置は、設計時点で性能のばらつきが考慮されています。今回使用された免震ゴムやオイルダンパーも、基準値からは大きく外れているとしても、設計時に考慮した最大のばらつきと比べればそれほど外れていないはずです。

であれば、計算結果に与える影響は小さい。建物自体に多少の安全率を見込んでいれば、耐震基準を満たしている可能性が高いでしょう。

最後に、A元一級建築士による構造計算書偽装の事例ですが、偽装発覚当時、震度5強で倒壊の恐れがある、と報じられています。これは、ただちに安全性に問題があるケースです。そして2011年、東北地方太平洋沖地震が発生し、当該建物がある関東地方でも、広い範囲で震度5強が観測されました。

その結果はどうだったのでしょうか。

震災時の報道を見る限りでは、何か大きな被害が出た様子はありません。何かあればセンセーショナルに報じられるでしょうから、実際に何もなかったのではないでしょうか。もちろん本当に危ないものはすでに取り壊していたでしょうし、耐震改修をしたものもあるでしょう。それでも偽装の報道時の大騒ぎからすれば、想像以上に被害が出なかったと言えます。

結局、構造計算の精度というのはかなり粗いのです。計算上は危険だと判断されても、意外に倒れません。幾重にも安全率が掛けられており、悪条件がいくつも重ならない限りは大丈夫なのでしょう。**この粗さが、結果として多数の命を守っています。**

# 地震のマジックナンバー「0.2」

地震が建物におよぼす影響を考慮するため、地震による揺れを「建物を横からゆっくり押す力」に置き換えて考えることはすでに書きました。

屋根面や2階の床に、水平方向の力が作用するとして構造計算は行われます。現代まで続く耐震設計に関する基本的なルールです。

では、どのくらいの力で押されていることにすれば十分と言えるのでしょうか。

結論から先に言うと、日本の耐震基準では、建物の重さの20%の力が横からかかっても損傷しないよう定められています。

高さ20m以下であれば平屋でも5階建てでも、木造でも鉄骨造でも鉄筋コンクリート造でも、在来軸組構法でも枠組壁構法でも伝統構法でも、地盤が軟らかくても硬くても、**どんな建物でも、建物の重さ×0・2の力を見込んでおけばいい**ということになっています。

低い建物であれば、とりあえずなんでも「0・2」でよいとする。これはなかなか思い切った単純化です。建物の揺れ方だとか、地盤の影響だとかは一切考慮しません。

単純化すること自体はいいとしても、なぜ0・2という値が採用されているのでしょうか。

1923年に起こった関東大震災では、東京・横浜を中心に甚大な被害が発生しました。火災による被害があまりにも大きかったため見過ごされがちですが、地震による建物被害も決して小さなものではありませんでした。

関東大震災の前に市街地建築物法が制定されていましたが、耐震性に関する規定はありませんでした。そこで1924年に耐震規定が追加され、水平震度0・1に対する設計が必要となりました。

「水平震度」というのは、建物の重さのうち、どれだけの力が横から作用するかを表したものです。つまり水平震度0・1とは、建物の重さ×0・1の力で、建物を横からゆっくり押すことに相当します。現在は、建物の重さ×0・2の力を想定していますが、当初は0・2ではなく0・1だったのです。

関東大震災において、ある地震学者が推定した地面の加速度の最大値が0・3G（Gとは加速度の単位のこと、地球の重力が1・0G）程度でした。加速度に重さを掛けたものが力になるので、もし建物にも地面と同じ0・3Gの加速度が生じるのであれば、建物に作用する地震の力は、建物の重さ×0・3とする必要があります。

であれば、水平震度は0・1ではなく0・3にしなくてはならないはずです。この乖離は一体何なのでしょうか。

記録がないのでここからは推測になりますが、「建物の重さ×0・3の力に対してギリギリ壊れない」とするよりも「建物の重さ×0・1の力に対して3倍も余裕がある」としたほうが、ウケがいいと思ったからではないでしょうか。一般の人には数値の根拠はわからないので、余裕があるように見せたほうが安心感はあります。

水平震度が0・1でも0・3でも、一般の人には大きいのか小さいのか判断できません。であれば、「3倍も余裕がある」と言ったほうが聞こえはいいはずです。

また、「コンクリートの強さには3倍の余裕度（実際に作用する力に対する耐えられる力の比率）を確保しよう」という方針があったようなので、それに対応した数字にしたのかもしれません。

なんだかわかりにくい気もしますが、とにかく0・1という数字が採用されました。

つまり、この0・1には「関東大震災クラスの地震が起こっても建物が倒壊しない」ようにしようという意志が込められています。

建物が非常に硬い場合、地面に生じる加速度と建物に生じる加速度は同じ値になります。当時のがっしりとしたコンクリート造の建物をイメージして設定されていることがうかがえます。

しかし本来は、ちょっとやそっと硬いくらいでは、建物の加速度と地面の加速度は同じにはなりません。建物内で揺れが増幅され、もっと大きな加速度が生じることになります。

また、地震学者が加速度を推定した地域よりも、もっと大きな揺れが生じたところもあったようです。その点でも**地震の力を過小評価している**ことになります。

特定の地域内の建物のみを対象としていた市街地建築物法に代わり、1950年に、国内の建物全てに適用される建築基準法が制定されました。

このとき、水平震度が0・1から0・2に引き上げられています。これが今でも使用されている0・2です。

しかし、同時に余裕度を3から1・5に引き下げています。地震の力を2倍、それに対する余裕度を半分ということで、結局は建物の耐震性にはなんら変化はありません。地震の力を過小評価している状態が続くことになります。

その後、1978年の宮城県沖地震を受け、1981年に建築基準法が改正されました。中地震には損傷しないように、大地震には倒壊しないようにと、地震を大きさによって二つに分けるという新しい考え方が導入されることになりました。

もともと0・2という数字は関東大震災、つまり大地震を基準としていましたが、ここでは中地震の値とされました。ようやく過小評価が解消されたことになります。

なお、大地震の際に考慮すべき数字は1・0と、中地震の5倍に設定されました。最大加速度0・4G程度の揺れが、建物内で2、3倍に増幅されることを想定（0・4×2〜3≒1・0）しています。

住宅などの規模の小さな建物は、大地震に対する検討は省略し、中地震に対してのみ検討を行います。また、規模の大きな建物では、大地震だけでなく中地震と大地震の両方の検討を行います。

建物の規模の大小にかかわらず、中地震の検討は必須なため、中地震を対象としている0・2という数字は非常に重要な意味を持ちます。

それにしては、なんだかよくわからない決め方をされています。

## こんなに粗い建物の施工

人間がつくるものには必ず誤差があります。机、鉛筆、靴下といったごく身近なものはもちろんのこと、スマートフォンのような精密機器であっても例外ではありません。どれだけきれいにできているようでも、実際には図面とはぴったり一致しません。ぴったりでなくても、誤差が許容範囲内であればよしとされます。

高い精度が求められるものとして、まず半導体が挙げられるでしょう。いまやナノメートルという精度の中で製品はつくられています。1ナノメートルというのは大体分子1個分の長さです。

金属加工も場合によっては非常に高い精度が求められます。半導体ほどではありませんが、モノによってはマイクロメートルの精度が必要となります。1マイクロメートルというのは大体細菌1個分の長さです。細いもののたとえに使われる髪の毛の太さは数十マイクロメートルもあります。

あまり精度を気にしないものであればミリメートルの誤差があっても十分です。子どものオモチャが少しくらい大きかろうが小さかろうが、気にする人はほとんどいないでしょう。

それに対し、建物というのは非常に精度が粗いものなのです。精緻な納まりを要求されるところもなくはないですが、それでも、他の分野に比べて許容される誤差は大きいです。場合によってはセンチメートルの誤差でも問題ないこともあります。

建築とは、一体どの程度の精度を持っているものなのでしょうか。


鉄骨造の場合、工場でつくられた部材を現場でつなぎながら建物をつくっていくのですが、この部材一本一本が誤差を持っています。柱や梁は、図面に記載されているよりも±3㎜程度長さが違ってもよく、また、±2㎜程度なら細くなったり太くなったりしても許されます。

許される誤差がミリメートルの領域です。


現場で人の手で型枠をつくらなくてはならない鉄筋コンクリート造の場合、許容される誤差は10倍になります。

建物の形状に合わせて型枠を組んでいくわけですが、型枠の位置は±20㎜までズレてもよく、柱や梁などの部材は最大で20㎜まで大きくなってしまっても大丈夫です。基礎に至っては最大で50㎜までが許容されます。

許される誤差がセンチメートルの領域です。

そしてもっとも許容量が大きいのが杭です。建物の重さを支える重要な部材ですが、手の届かない地面の中に構築されるので、誤差が非常に大きくなります。杭の設置位置が±100㎜ズレてもよく、また、図面に「100㎜以上ズレた場合はこういう補強をしてくれればOK」という記載があることもあります。

**数十センチメートルというものすごい誤差を許容する領域**です。

このくらいの誤差を持っていても、建物というのは安全なようになっているのです。

材料自体の精度はどうでしょうか。木やコンクリートについてはすでに取り上げたので、ここでは鉄について見てみることにします。

鉄の製造は、鉄鉱石を溶かす、不純物を除去する、板状に延ばすというような工程をたどりますが、製造工程が全て工場内で完結するので、品質管理が行き届きやすい材料です。

しかし、その鉄であってもばらつきはそれなりにあります。

例えば、490材と呼ばれるものでは、その材の引っ張りに対する強さが490MPa

から610MPaの範囲であればOKとなります。MPa（メガパスカル）は圧力の単位で、1MPaは1平米当たり約98トンの力に耐えられることを表します。

この材料で10㎝角の柱をつくった場合、約490トンまでは壊れずに支えることができます。この490材では強さが490MPa未満は許されませんが、強くなる分には2割以上は許容されます。これがなかなか困ります。

建築に限らず、こうしたばらつきがあるのは、同じ材料を扱っているどんな分野でも共通のことではないか、と思うかもしれません。

しかし、建築特有の事情があるのです。

一般的な機械や製品というのは、使用中に壊れないようにつくられています。そのため、使用中に作用する力に対して、十分な余裕を持った設計がなされています。「壊れなければいい」ということであれば、使用する材料の強度が多少ばらついていても問題ありません。それを見越した安全率を取ればいいだけだからです。

一方、建物というのは、大きな地震の際にはある程度壊れることが許容されています。釘が緩む、ひびが入るということを想定して設計されているということです。場合によっては壊れてもいい、というのは他の分野にはあまり見られない特徴です。壊れるところまで考えた設計をする場合、材料は強ければ強いほどいいということにはなりません。ある部分が壊れなくなることで、設計時に想定していたのとは違う部分が壊れてしまうかもしれないからです。

構造設計においては、施工のばらつき、材料のばらつきに加えて、壊れ方を保証するための安全率が必要となります。いろいろなばらつきや、それに起因する安全率がありすぎて、実際の建物の性能はわかるようでわかっていません。

# 実はテキトーが適当である

本章では、建築がいかに大雑把な業界であるかを見てきました。学術的な領域では精緻な検証が行われていたとしても、実際に巨大な構造物に落とし込んでいくときには精度を落とさざるを得ません。

しかし、**このテキトーさが建築には適当**なのです。

建築の目的は、人々に安心して暮らせる快適な建物・都市を提供することです。建築にまつわるいろいろなメカニズムが解き明かされるかどうかは、一般の人にとって直接的にはなんの関係もありません。何かわからないことがあっても、実用上問題ないのであれば、わからないことはわからないことと割り切ることが重要です。

もちろんそれは、解明を諦めるという意味ではありません。

ばらつきなどの不確定な要素が多い分野では、理論通りにはいかないことが多いのです。大体の理論は問題が発生してからの後知恵です。かなりの範囲で経験は理論に勝っています。

ですが、後知恵だろうと、知恵となった後にはしっかりと取り入れていくべきです。

テキトーをテキトーなまま放置してはいけません。

パレートの法則というものがあります。80：20の法則とも呼ばれ、全体が生み出す値の80％を、全体の構成要素の20％が生み出す、というものです。わかりやすい例として、上位20％の金持ちが富の80％を所有している、というものがあります。

これは建築の構造にも当てはまる部分があるのです。

細かいことは一旦考えず、地震の力は一律これくらいにしておけばいい、壁さえたくさんあればいい、というように「20％」をしっかりと押さえる。あとの80％も重要ではありますが、そこはテキトーでも大きな問題が出ることは少ないのです。

この大らかさが建築の魅力でもあります。

# 第 5 章

# 建築とは、予想外である

# 予想は的中しない

建築物は規模が大きく、かつ一品生産なので、事前に同じものをつくって性能を確かめることができません。過去のデータの蓄積や計算などを基に設計を行いますが、断熱性、気密性、遮音性などが想定した通りの値となっているか、建物が実際にできてみるまでわからないのです。

地震に対する安全性にいたっては建物ができてからも確認できず、地震が起こった後に初めて明らかになります。

結局のところ、設計時点では「この建物にはこのくらいの性能があるはずだ」と予想しているにすぎません。ただのヤマ勘ではなく、科学的な根拠に基づいて行われる予想ではありますが、１００％的中するわけではないのです。

先人たちの研究の積み重ねのおかげで、的中率はかなり高くなってきたものと思われます。ただ、それでも予想が外れ、思いがけないことが起こることもあります。

本章では、建物の安全性について、直感と反する、予想を裏切るような話題をいくつか取り上げていきます。

きっとあなたの予想が外れると予想します。

# 五重塔が倒れない理由

日本の五重塔の耐震性が高いことはよく知られています。「地震によって倒壊してしまった」という記録が存在しないからです。五重塔がなぜ地震に強いのか、その理由を解き明かすべく、昔から多くの研究がなされてきました。

これまでいくつもの説が出されてきましたが、「心柱《しんばしら》」と絡めたものが多いです。心柱とは、五重塔の中心を貫く太くて長い柱です。この心柱が五つの層をばらばらに動かないよう閂《かんぬき》の役割を果たすという説、心柱が塔本体とは別の動きをすることで揺れを相殺するという説などが有名です。

しかし、どの説が正しくてどの説が正しくないのか、どこまで五重塔の構造が理解されているのか、正確な情報は実はあまりよく知られていないのではないでしょうか。いまだにメディアではいろいろな珍説が取り沙汰されることがありますが、そうした情報に惑わされないよう注意が必要です。

そもそも、昔の大工は五重塔を地震に強い建物にしようと思っていたのでしょうか。おそらくそうではありません。確かにこれまで地震による五重塔の倒壊事例は記録にないものの、実は風による倒壊事例は存在します。地震に比べ、数段発生頻度が高い台風に対してケアできていないのであれば、**地震についても実はケアできていない**と考えるのが自然です。

図12 心柱の足元

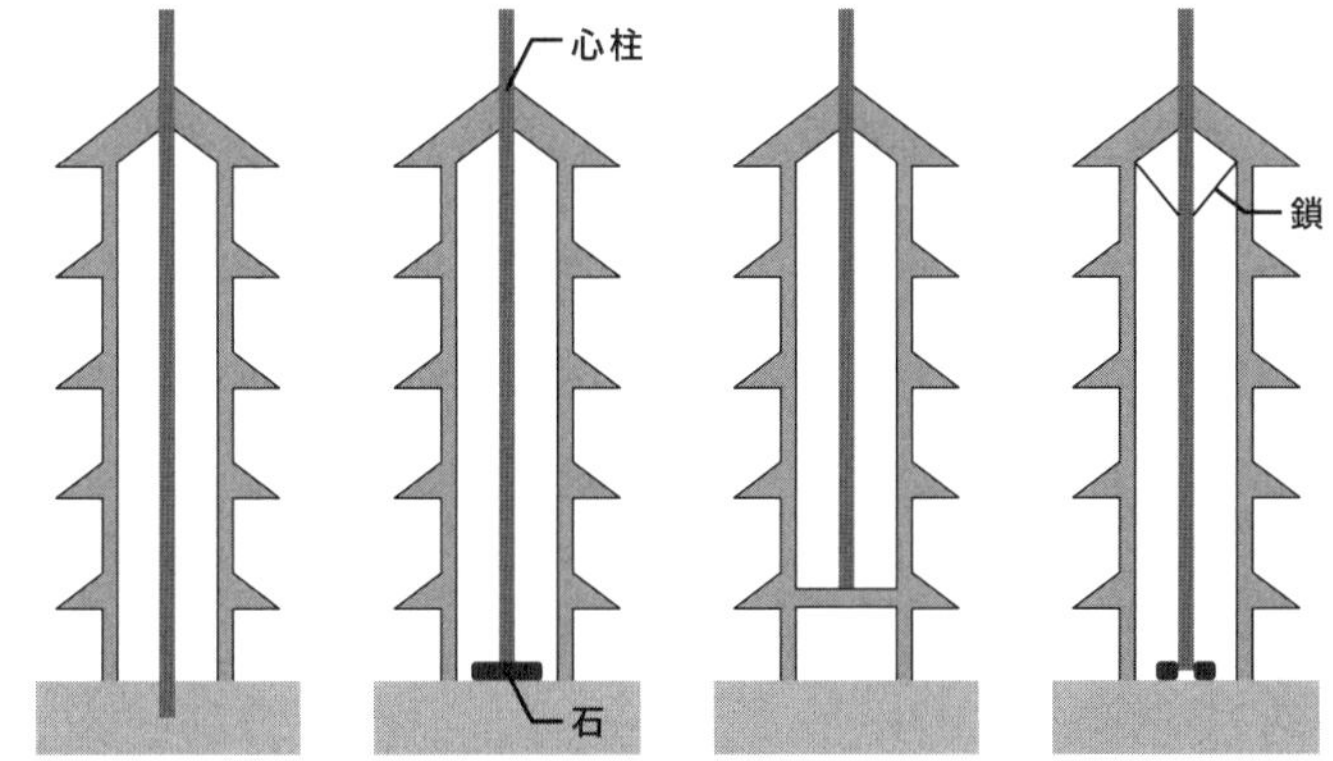


心柱は建物の中央に座するシンボリックな存在で、宗派によっては心柱自体を仏と見なすなど宗教的な意味も付与されており、また、その太さからも、なんだかすごい効果を期待したくなります。

しかし、心柱が本当に耐震上重要な役割を果たすのならば、不可解なことがあります。心柱の足元のつくり方が塔によってマチマチなのです。

心柱の足元は心柱を支持するもっとも重要な部分であり、足元をどのように固定しているかが、地震時の心柱の揺れ方を大きく左右します。しかし、実際には①穴を掘って埋めてある、②石の上に載せてある、③2階の床の上に載せてある、④上から吊られている、とバラエティーに富んでいます。

地震に対して優れた方式に進化していったというのではなく、心柱の足元が腐らないようにだとか、心柱と塔本体がズレないようにといった、耐震性とは別の理由から心柱の足元のつくり方は選択されています。

ここからも、地震対策が施されているわけではないことがうかがえます。


実在の五重塔の観測や縮小模型を用いた実験を通して、五重塔の耐震性に迫ろうという研究が多数なされています。

しかし、そこでも心柱が有効であるという結果はなかなか出てきません。心柱が塔本体とは異なる動きをすることは確かなようですが、だからといって揺れを小さくする効果があるかないかは、論文によって結論が違っています。

また、「効果がある」という結果が出ていても、その効果はわずかな場合や、かなり好意的な評価をしないと「効果がある」とは言えないものも含まれています。


結局のところ、心柱に五重塔の揺れ方を変えることはほとんどできないのです。なぜなら、心柱は大して硬くないからです。

柱単体を見ると太くて立派ですが、塔本体と比べると柔らかくて軽い。そのため塔本体に大きな影響を与えることができないのです。

**五重塔が地震で倒れない一番の理由は、その高さにある**と考えられます。高さがあるから、ちょっとやそっと変形したくらいでは倒れない、という非常にシンプルな理由です。

高さが6mしかない木造住宅が60㎝も傾くと、そのまま倒れてしまうか、倒れる一歩手前という状況になります。それに対し高さが30mもある五重塔であれば、同じ60㎝の傾きでも十分また元の位置に戻ることができます。木造住宅にとって60㎝は建物の高さの10分の1ですが、五重塔にとっては50分の1でしかありません。

この差が壊れる・壊れない、倒れる・倒れないに大きく影響します。

もう一つ理由を挙げるとすれば、五重塔の立地です。わざわざ宗教施設を水田や沼があったようなところには建てません。しっかりとした地盤を選んで建てることが多いでしょう。倒壊しないまでも、地震により被害が出た五重塔を調べてみると、地盤が悪いところにある確率が高くなるという調査結果があります。

「五重塔は倒れない」という神秘は、神秘のままで置いておきたいような気もしますが、実際にはそんなものはなかったようです。単にいい地盤の上に高い塔を建てたからという理由で、今日までその姿をとどめていると考えられます。

## 共振しても倒れません

「共振」という言葉を知っているでしょうか。

モノの揺れ方とモノを揺らそうとする力（人が歩く、前面道路を自動車が通過する、といった何回も繰り返される外部からの力）の特性が合うことで、想像以上に大きな揺れが起こってしまうという現象です。海外では、ビル内にあるスタジオでエアロビクスをしていたらビル全体が大きく揺れてしまった、という事例もあります。

共振は建物と地震との間でも起こることがあり、地震発生後に「共振が起こったことで被害が大きくなったものと考えられます」というような報道がされることもあります。

共振の説明に一番多く使われる例は、おそらくブランコです。ブランコの揺れに合わせて足を伸ばしたり縮めたりをくり返していると、どんどんブランコが大きく揺れ出します。一回一回の力は小さいですが、それが積み重なることで大きな揺れを引き起こすことができます。

小さい子どもの中には足の伸縮のタイミングがうまく合わせられず、いつまで経っても揺れを大きくできない子もいます。タイミングが合わないと、あまり大きく揺らすことができなかったり、逆に足の動きが揺れを打ち消してしまったりするからです。

この「ブランコの揺れ」を「建物の揺れ」、「足の伸縮」を「地盤の揺れ」に置き換えたものが「地震による建物の共振現象」ということになります。共振によって、建物の揺れが地盤の揺れの数十倍にも達する可能性があります。

共振は、建物の構造を考える際、建物の硬さの調整によって揺れの特性を変化させるなどして、できるだけ避けるべき現象です。ただ、地震の規模や震源の位置などによって、実際に地盤がどう揺れるかは変わるため、共振してしまう可能性はあります。

しかし、共振したからといって建物が倒れるとは限りません。また、共振により揺れが増幅し続けることもありません。なぜなら、共振によって建物の揺れが大きくなってくると、建物の揺れ方自体が変化するからです。

建物は変形が大きくなると、少しずつ損傷し始めます。鉄筋コンクリート造の建物であればひび割れや鉄筋の軟化、木造の建物であれば木のめり込みや釘の抜け出しが起こります。それにより柱や壁は小さな力でも変形しやすくなる、つまり柔らかくなります。

柱や壁が柔らかくなると、建物が変形したときに変形を元に戻そうとする力が小さくなります。その結果、建物は元の位置に戻るのに時間がかかるようになる、つまりゆっくり揺れるようになるのです。

建物の揺れの特性と地盤の揺れの特性が一致するのが地震による共振ですから、建物の揺れの特性が変わってしまえば、そこで共振は起こらなくなります。

建物は損傷したからといってすぐには倒れません。「コンクリートにひびが入る」という損傷が出始めた状態から、「コンクリート内部の鉄筋が限界に達する」という倒壊に近い状態に至るには、非常に大きな変形が必要だからです。

多少の損傷は出るでしょうが、**共振だけで建物が倒れる可能性は低い**のです。

過去に何度も地震によって木造住宅に大きな被害が発生していますが、それぞれの地震による地盤の揺れの特性は様々です。そして、木造住宅の揺れの特性とはまったく違っています。

木造住宅の被害に関しては、徐々に揺れを大きくしていく共振の要素よりも、建物に短時間で大きなエネルギーを与える要素の影響のほうが大きいからです。

とはいえ、共振が避けるべき現象であることは間違いありません。通常であれば建物に損傷が出るようなレベルではない小さな地震であっても、共振によって損傷が出るところまで増幅する可能性があるからです。

また、ある程度の規模の地震になると、建物が損傷して揺れの特性が変わり、共振を起こさなくなったとしても、それなりに損傷は進みます。倒壊しないからと言って、すぐに損傷するような建物は好ましくありません。

また、建物が損傷して柔らかくなれば、それだけ変形しやすくなります。そうなると、共振に関係なく、次に起こった地震によって建物が倒れやすくなってしまいます。

やはり**共振するよりは共振しないほうがいい**のです。

建築以外の分野では、振動源がどのような特性を持っているか、わかっていることが多いです。機械を稼働させたときの振動、自動車が一定速度で走行した時の振動、こうした振動は特性が明らかです。

であれば、共振を避けることは比較的容易です。揺れがどんどん大きくなっていく共振は望ましい現象ではなく、また、避けるのが容易なのであれば、避けておくべきです。

それに対し建築では、揺れを出す側である地震は予測できませんし、揺れを受ける側である建物も損傷により状態が変わります。他の分野とは違って、共振が絶対避けられるわけでもありません。

しかし、損傷によって共振を避けられることもあります。共振すること、共振しないこと、その両方が重要となります。

そのため、共振だけを見ていてはいけないのです。

## 加速度なんて関係ない

物体に作用する力は加速度に比例します。運動の第二法則ma=Fです。物体の質量（mass）に加速度（acceleration）を乗じたものが物体に働く力（Force）となります。

これは自動車を例にするとわかりやすいでしょう。

第2章でも説明しましたが、加速度とは、物体の速度が変化する割合のことです。ゆっくりアクセルを踏むよりも、思い切りアクセルを踏んだほうが加速度は大きくなります。

そして、思い切りアクセルを踏んだときのほうが、座席に体が強く押し付けられるのを感じるはずです。また、重たいものを抱えていれば、それだけ感じる力も大きくなるはずです。

地震により建物に作用する力を考えるうえで、加速度は非常に重要な意味を持ちます。そのため大地震発生後には、マグニチュードや震度に加え、加速度がどの程度だったかも報道されることがあります。

日本国内には広く地震観測網が敷かれ、地震の発生とともに地面に生じた加速度の記録が行われます。これまで起こった過去の大地震についても、多数の記録が残されています。では、過去に観測された震度7の地震の最大加速度はどのくらいの値になっていたのでしょうか。

甚大な被害をもたらした1995年の兵庫県南部地震では約0・9Gが記録されています。前述しましたが、Gとは加速度の単位で、地球の重力を1・0Gとしていますから、それに匹敵するほどの加速度だったことになります。

重力は鉛直方向に作用しますが、地震の加速度は水平方向に作用します。水平方向に

1・0Gが作用するということは、地面が傾いて90度になったのと同じような状況だということです。

当然、そんなところに人は立っていられません。

しかし、この値は他の震度7を記録した六つの地震の中では群を抜いて小さいのです。その他の地震では全て1・0G以上が観測されており、2011年の東北地方太平洋沖地震にいたっては、3・0G近い加速度が記録されています。また、2008年の岩手・宮城内陸地震は最大震度6強ながら、4・0G以上の加速度が記録されています。

この値は、ジェットコースターに乗ったときにかかる加速度と同程度です。地震時に記録された最大の加速度としてギネスに認定されています。

地震の揺れを直接の原因とした建物の倒壊や家具の転倒による死者の数は、兵庫県南部地震がもっとも多いです。一方、東北地方太平洋沖地震で震度7を記録した宮城県栗原市では、幸い死者は一人も出ていません。加速度の最大値が3倍以上大きくても、建物被害は相対的に小さかったということです。

この結果から、**いくら加速度が大きくても被害が大きくなるとは限らない**ことがわかります。

もちろん、加速度が大きいほうが被害は大きくなる傾向にあります。最大加速度が0・1G（エレベータの昇降時の加速度）の地震ではほとんど被害は出ないでしょう。

しかし、加速度の大小だけでいちいち騒ぎ立てても意味がないことは確かです。


なぜ加速度が大きくても建物被害が小さくなることがあるのでしょうか。ma=Fから考えると意外かもしれません。

しかし、よく考えてみるとそれも当然です。建物に作用する力は、あくまでも建物に生じる加速度に比例します。地面に生じる加速度に比例するわけではありません。そして**建物の加速度=地面の加速度ではない**のです。

地面がどれだけ大きな加速度で揺れたとしても、それが建物に伝わらなければ大きな力は生じません。これが、加速度の大きい地震≠被害の大きい地震となる理由です。

では実際のところ、地面の加速度が大きいのに建物があまり揺れない、とはどういう状況なのでしょうか。

　ここでも理解しやすいよう、自動車を例に考えてみましょう。自動車が地面、搭乗者が建物です。

　もし、時速１００km で走行中の自動車が壁に激突し、１・０秒で停止するとどうなるでしょうか。搭乗者はきっと大けがを負うことでしょう。このとき自動車に生じる加速度は１００km／s²です。

　では、時速10 km で走行中の自動車が壁に激突し、０・１秒で停止するとどうなるでしょうか。搭乗者はけがをするかもしれませんが、それほど深刻な事態にはならないでしょう。無傷だったとしても不思議ではありません。

　しかし、速度は10分の１になりましたが、停止するまでの時間も10分の１になるので、自動車に生じる加速度は１００km／s²で同じです。

　自動車の加速度（＝地面の加速度）が同じでも、搭乗者のけがの具合（＝建物の被害）はまったく違うことがわかります。けがの具合を分けるのは自動車の加速度ではなく、自動車の速度だというのは直感的に理解できるでしょう。

　では、自動車の速度（＝地面の速度）というのは何で決まるのでしょうか。

加速度というのは速度の変化する割合でした。つまり加速度に「加速度が生じていた時間」を掛ければ速度を求めることができます。

加速度が同じくらいの地震であれば、地盤が1往復する時間である「周期」が重要になるのです。

速度で考えることで、加速度がどれだけ大きくても被害が出ない理由を説明できます。事実、前述の宮城県栗原市の加速度記録を見ると、小刻みにカタカタと揺れており、周期が非常に短い（加速度の作用する時間が短い）ことがわかります。

加速度と力は比例する、だから地面の加速度が大きければ被害もそれに比例して大きくなる、という考えは捨てるべきです。

建物の揺れはそんなに簡単には予測できません。

# 強いほうが壊れることもあります

「強さ」や「強度」とは、ある物体が壊れるまでに耐えられる力の最大値を表す言葉です。建物に対しても、地震に強くするだとか、耐震補強するというように、「強」という言葉を使います。

強いということは絶対的にいいことのように思えます。弱いよりは強いほうがいいと思うのは自然なことでしょう。

しかし、実際には**強いほうが壊れてしまう**こともあります。そんな事例を二つ挙げましょう。

強くてもすぐに壊れる部材に「短柱」があります。読んで字のごとく短い柱です。短いと言っても本当に短いわけではありません。他の柱と同様、ちゃんと下の階から上の階まで階の高さ分の長さがあります。

では何が短いかというと、実際に曲がる部分です。

鉄筋コンクリート造の建物において、柱と柱の間をコンクリートで埋めて壁にすることはよくありますが、そうすると窓などが取れないので暗くなります。それを嫌って柱と柱の間に横長の細い窓を設置すると、窓の高さ分だけ壁が取り除かれ、その範囲の柱は少しだけ曲がることができるようになります。

これが短柱です。横長の窓の高さ分だけなので、階の高さに比べれば短いというわけです。

この短柱ですが、短いので他の柱より曲がりにくい。長い柱よりも硬くなりますし、耐えられる力も大きくなります。しかし、だからこそ壊れてしまうのです。

基本的に、同じ階にある柱は地震の際に同じだけ変形します。上の階と下の階のズレに応じて曲がるからです。硬くても柔らかくても、短くても長くても、それは変わりません。

硬いものと柔らかいものを同じだけ変形させると、硬いものほど大きな力を受けます。

図13 短柱

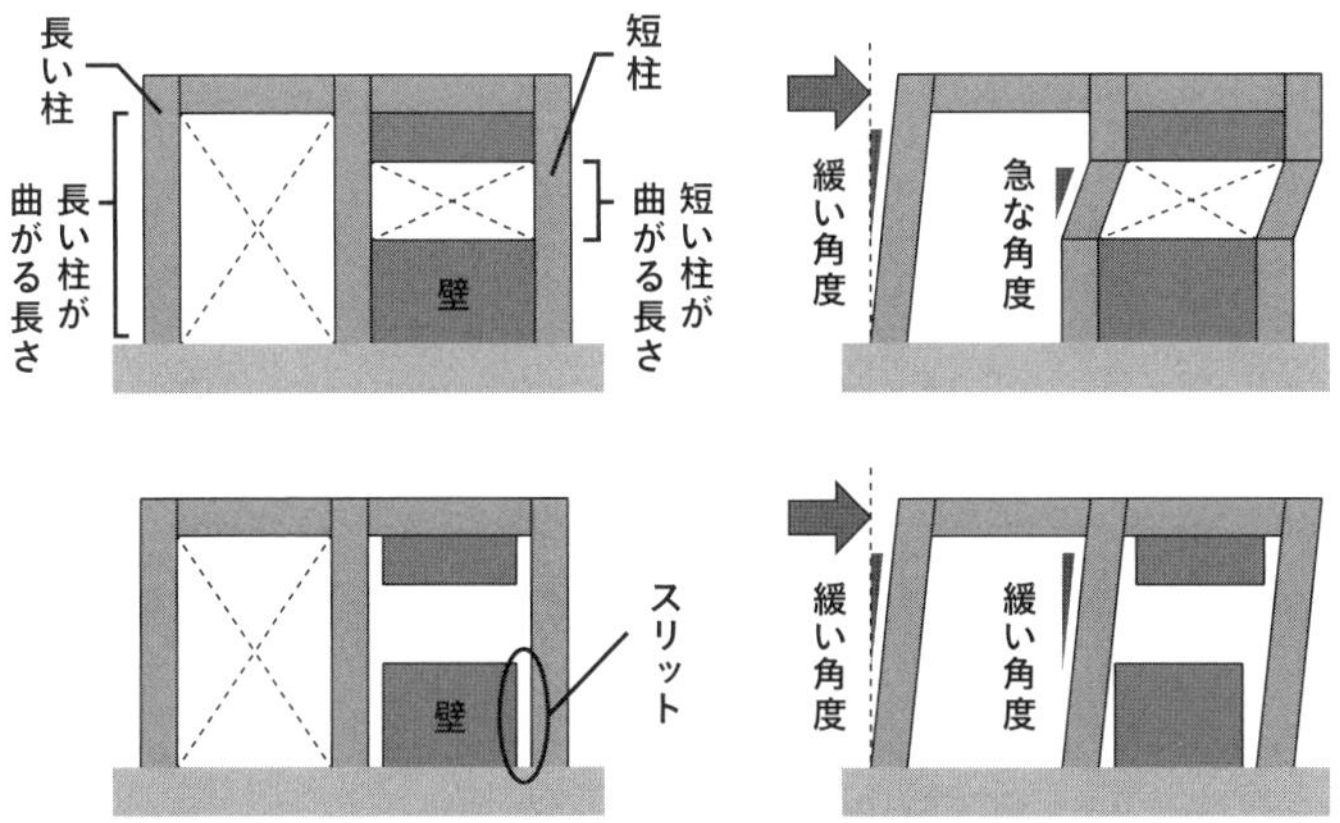


2倍硬ければ2倍の、3倍硬ければ3倍の力を受けてしまうのです。

短柱は、短いことで曲がりにくくはなるものの、断面積は他の柱と変わりません。硬さは数倍になっても、強さはそれほど増えていないのです。

その結果、地震によって建物がそれほど大きく変形しないうちに短柱はグシャッと潰れてしまいます。他の柱が強さを発揮する前に壊れてしまうので、結局建物全体としては耐えられる力は小さくなってしまいます。

いくら強い部材であっても、**強さに対して硬すぎてしまえば、逆に耐震性を低下させる**結果となるのです。

現在では、このような短柱のある建物を設計することはまずありません。過去に何度も地震被害を受け、強いだけではダメなことがわかっているからです。

むしろ、今ある短柱を、ちゃんと曲がることのできる柱に戻すような改修を行うこともあります。

柱が曲がりにくくなるのは、その柱に取り付いている壁のせいです。壁にスリットを入れて柱と壁の縁を切ってやることで、柱は壁に邪魔されずに曲がることができるようになります。

これで短柱が解消され、柱は弱くなりますが、耐震性は高まります。

強いことで他の部分を壊れやすくしてしまうこともあります。1階と2階の強さのアンバランスがそれです。2階が強すぎることで1階が壊れてしまうのですが、戸建て住宅でよく見られます。

戸建て住宅では、1階に窓の多い開放的なリビングを設置することが多いですが、それにより1階の耐力壁が不足しがちになり、2階に比べて1階が弱くなることがあります。

2016年の熊本地震でも、多くの倒壊事例が見られました。

2階の強さがなぜ1階に影響してしまうのでしょうか。別に2階の強さにかかわらず、1階が地震の力に耐えられさえすれば問題ないように思えます。1階部分が壊れて建物が倒れてしまったのは、2階が強過ぎたせいではなく、1階の強さが十分ではなかったせいだと考えたほうが直感に合うかもしれません。

しかし、やはり2階が悪影響をおよぼしているのです。

何が悪さをするのでしょうか。

建物は強いものほど硬い傾向にあります。

2階が強いということは、2階が硬いということも意味します。硬い建物は柔らかい建物よりもガタガタと素早く揺れる傾向にあり、加速度が大きくなりやすいのです。

地震の力は建物に生じた加速度に比例しますから、2階が硬いことで1階に生じる力も大きくなってしまうのです。

また、地震を「エネルギー」という観点から考えても、2階が強いことの問題が見えます。

ゴムを伸ばして手を離すとパチンッと勢いよく戻るように、物体は変形することでエネルギーをため込むことができます。しかし、2階が強くて硬いとほとんど変形せず、エネルギーをため込めません。その分、1階が多くのエネルギーをため込まなくてはならなくなり、結果として1階の変形が大きくなってしまうのです。

強いということはいいことですが、それは全体が強い場合だけです。**部分的な強さは、かえって建物を弱くしてしまいます。**

## 壊れるから倒れないこともあります

建物が地震で「壊れる」ことと「倒れる」ことはイコールではありません。どれだけボロボロに壊れてしまっても、倒れさえしなければ人命を護れる可能性が高いです。倒れるよりも壊れるほうがずっといいはずです。

図14　板状マンション

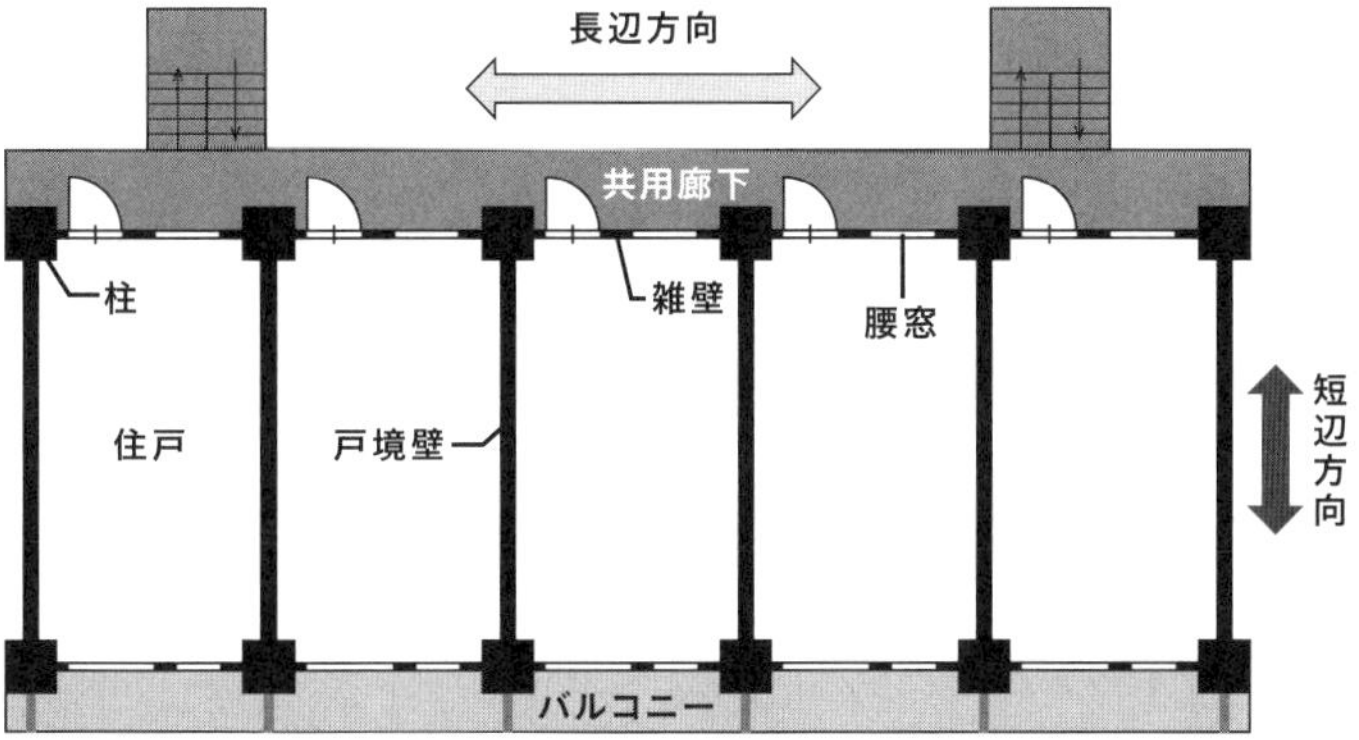


もし、壊れやすいけれど倒れにくいマンションと、壊れにくいけれど倒れやすいマンションがあったとしたら、どちらを選ぶでしょうか。

先の理屈で言えば、前者を選ぶに決まっています。しかし、今は「壊れにくいけれど倒れやすいかもしれないマンション」が主流となっています。

中層マンションの多くが「板状《ばんじょう》」と呼ばれる構成になっています。

片側が共用廊下、反対側がバルコニーになっており、その間に各住戸が配置されています。

共用廊下側に2部屋、バルコニー側にリ

ビングがあり、リビング横にもう1部屋で3LDKというプランが代表的です。マンションのチラシを見るのが好きな方はすぐにピンとくるでしょう。

板状マンションでは住戸を横にいくつも並べるので、建物を上から見たときの形状は横長の長方形になります。短辺方向には住戸と住戸を隔てる大きな壁（戸境壁）があり、この壁により高い耐震性を持たせることができます。

では長辺方向はどうでしょうか。共用廊下側には玄関ドアがあり、採光・通風のための腰窓（窓の下端が腰くらいの高さにある窓）があります。

バルコニー側はバルコニーに出るための掃出し窓（窓の下端が床の高さにあり、人の出入りができる窓）があり、南側を向いていることが多いことから採光のための窓も大きくなりがちです。

住戸内部にはプランニング（部屋の配置決め）やリフォームに制約がかからないよう、基本的に壁を設けません。まとまった量の壁が確保できないため、主として柱と梁で地震に耐えなくてはなりません。

板状マンションではどのような地震被害が出るでしょうか。

短辺方向では、窓がある外側の壁にひび割れが生じている例はありますが、戸境壁が被害を受けることは少ないです。やはり壁の量が不足している長辺方向の被害のほうが目立ちます。

しかし、長辺方向の柱や梁の損傷はそれほど大きくない場合が多く、一部の層が崩れてしまっているということもまずありません。

板状マンションの被害と言えば、「雑壁」が大きく損傷している場合が大半です。

雑壁とは、玄関ドアや窓などに挟まれた幅の狭い壁です。

長辺方向には壁が少ないと言っても、室内と室外を隔てる壁はあります。一昔前の古いマンションでは、窓やドアにより穴だらけになったこの壁も、他の壁と同様、鉄筋コンクリートでつくっていました。穴だらけの壁は「地震に耐えるための壁」としての規定を満たしておらず、構造計算上は無視されていました。

「存在はするけれど、構造計算上は見込まない壁」が雑壁です。

しかし、構造計算上、雑壁の強さや硬さを考慮するかどうかということと、実際に雑壁が地震の力を負担するかどうかということは関係がありません。柱や梁同様、建物を構成する部材の一部である以上、当然ながら雑壁にも力がかかります。

そして、壁の強さが不足していれば壊れます。

「ちゃんと雑壁があることを考慮して計算すればいいじゃないか」という声が聞こえてきそうですが、穴だらけの壁を精度よくモデル化することは難しいですし、穴だらけの壁を強くすることも難しいのです。

どうしても雑壁は壊れてしまいがちになります。

そのため、最近は長辺方向の雑壁を、柱や戸境壁と同じ鉄筋コンクリートでつくることはまずありません。鉄筋コンクリートではなく、ただのパネルをはめるだけにすることで「完全に力を負担しない壁」にしてしまいます。

そうすれば、地震によってこの壁に力がかかることもなくなり、基本的には壊れなくなります。また、仮に壊れても、パネルをはめ直すだけなので補修は簡単です。

鉄筋コンクリートからただのパネルへと替えることで、雑壁に被害が出ることは少なくなったはずです。

しかし、ある程度地震の力を負担できたはずの鉄筋コンクリートの壁を、まったく力を負担できないパネルに替えることは、本当に耐震性の向上に寄与しているのでしょうか。穴のあいた雑壁は評価が難しいとはいえ、耐えられる力がゼロということはあり得ません。しかし、パネルにすればゼロです。少なくとも建物全体として耐えられる力は低下する方向に働きます。また、硬さについても同様のことが言えます。雑壁をパネルにすることで、強さ・硬さともに低下しているのです。

雑壁は、強度が不足していることで、柱や梁よりも先んじて損傷を受けます。その代わり、柱や梁の負担する力を小さくしていることも確かです。雑壁がどれだけ壊れても建物は倒れませんが、柱が壊れれば建物は倒れてしまいます。

**雑壁は壊れやすいですが、そのおかげで建物を倒れにくくしてくれている**のです。

大地震後、無残な姿になった雑壁の映像が流れることがあります。大抵は建物ごと取り壊しとなることが多いようです。

ですが、雑壁がなかった場合にその建物は倒壊せずに立っていられたのだろうか、ということも考えてみる価値はあります。

# 建物は硬けりゃいいのか柔らかけりゃいいのか

突然ですが、「硬い家と柔らかい家、どちらに住みたいですか？」と聞かれたらなんと答えるでしょうか。「柔らかい家になんて住めないだろ」という人が多いかもしれませんが、「柔らかいほうが地震の力を受けにくい、と聞いたことがある」という人もいるかもしれません。

実際のところ、どちらがいいのでしょうか。

そもそも硬い、柔らかいというのは相対的なものです。何と比べて硬い、または柔らかいのか、それを明確にしないと答えようがありません。

また、地震の揺れや建物の揺れは複雑です。全ての状況に当てはまるような単純な正解があるわけでもありません。


実は「建物は硬いほうがいいのか、柔らかいほうがいいのか」は、1923年の関東大震災直後から議論されてきたテーマです。

本章の「共振しても倒れません」にも出てきましたが、建物の揺れと地盤の揺れのタイミングが一致すると、建物が大きく揺れてしまう「共振現象」が起こります。当時から共振は避けるべき現象だと認識されていました。

共振を避けるには、建物を硬くして地盤の揺れよりもはやく揺れるようにするか、建物を柔らかくして地盤の揺れよりもゆっくり揺れるようにすればいいのです。共振を避けるという意味では、建物を硬くするのも柔らかくするのも、どちらも正解と言えます。

しかし、建物というのはいつまでも新築時と同じ性能を持っているわけではありません。経年変化により、木と木のつなぎ目が緩んだり、ひび割れが伸展したりします。そうすると建物はどんどん柔らかくなり、結果としてゆっくりと揺れるようになります。元々ゆっくり揺れることで共振を避けていた柔らかい建物がさらにゆっくり揺れるようになっても共振は起こりませんが、元々はやく揺れることで共振を避けていた硬い建物がゆっくり揺れるようになると共振する可能性が高まります。

時間の経過まで考えると、「建物は柔らかいほうがよい」に軍配が上がるように思えます。

これは当時としては一理あったのかもしれませんが、柔らかいほうが共振を避けられるからよいという主張は、現在では明確に否定できます。

当時の地震の観測記録は限られており、ゆっくりと揺れるような地震は知られていませんでした。観測の期間も、観測点の数も十分ではなかったからです。

しかし、観測網が整備されることで、もっとゆっくり揺れる地震の存在が知られるようになりました。

つまり、いくら建物を柔らかくしても、共振を避けられるとは限らないのです。

結局、硬くても柔らかくても、共振が起こるかどうかは地震が起こるまでわかりません。**共振するかしないかでは、「建物は硬いほうがいいのか、柔らかいほうがいいのか」は決められない**ということです。

次は、建物の構造以外の部分での被害について比較してみましょう。耐震性の評価には、地震によって建物の構造部分が壊れないことに加え、設備や内装などが損傷しないことも含まれるからです。

基本的に窓ガラスや壁紙（クロス、室内の壁や天井に貼る仕上げ材）、外装材などに被害が出るか出ないかは、建物の変形の大小で決まります。建物が大きく変形すればそれだけ窓枠はひずみ、壁は大きくズレることになるので、それだけ被害が出やすくなります。

共振のことを抜きで考えれば、硬い建物のほうが、柔らかい建物より変形は小さくなる傾向にあります。硬いのだから当たり前と言えば当たり前です。

そして変形が小さくなれば被害は出にくいのですから、建物は硬くしたほうがいいことになります。事実、現在震度5強程度の地震に対しては、建物の変形量に制限が設けられており、柔らかすぎる建物はつくれないようになっています。

では、建物の倒れにくさはどうでしょうか。

多少の被害は出ても、最終的に建物が倒れさえしなければ人命は保護されます。耐震性を考えるうえでもっとも重視しなくてはならない項目です。

しかし、建物が硬いか柔らかいかだけでは、建物の倒れにくさを判断することはできません。

**建物の倒れにくさを判断するために本当に重要なのは「エネルギー」**です。のちに日本建築学会の第28代会長を務めることになる棚橋諒《たなばしりょう》が、1935年に発表した論文に書かれています。それまで誰もそのことに気づかず、長らく議論は続けられていたのです。

エネルギーという概念を持ち出すことで、硬い建物も柔らかい建物も同じ土俵で比較することができるようになります。

詳細を説明しましょう。

エネルギーには熱エネルギーや運動エネルギーなど、いろいろな状態がありますが、ここではひずみエネルギーで考えます。ひずみエネルギーとは「力」×「変形」のことです。

建物が硬ければ大きな力に耐えられる、だから硬い建物のほうがいい、というのが硬い建物を推す側の主張です。耐えられる「力」の大小だけが重要です。

一方、建物が柔らかければそもそも建物に大きな力がかからない、だから柔らかい建物のほうがいい、というのが柔らかい建物を推す側の主張です。確かに柔らかくすればするだけ建物にかかる力の大きさは小さくなりますが、柔らかい分だけ変形は大きくなります。つまり、どれだけ「変形」できるかが重要になります。

結局、比べているのが「力」と「変形」という別々のものなので、議論がうまくかみ合っていなかったのです。そこにエネルギーという「力」と「変形」の二つの評価軸を持つ指標を導入することで、正しい議論が可能になりました。

大地震に対する耐震性とは、大きな力に耐えられ、かつ、大きく変形できることなのです。建物が倒れるまでに蓄えることができるエネルギーの大小が、そのまま建物の倒れにくさになります。建物が硬ければ大きな力に耐えられますが、あまり大きくは変形できません。逆に、建物が柔らかければ小さな力にしか耐えられませんが、大きく変形することができます。

どちらのほうが大きなエネルギーを蓄えられるかはケースバイケースということになり

ます。硬くて強いからエネルギーを多く蓄えられるわけでもなく、また、柔らかくて変形できるからエネルギーを多く蓄えられるわけでもありません。

エネルギーに着目することで、建物は硬くても、柔らかくてもどちらでもいいことがわかりました。しかし、「同じ量のエネルギーを蓄えられるなら、硬い建物と柔らかい建物のどちらがいいか」という問題は依然として残ります。

この答えはあるのでしょうか。

結論から言うと、**硬くしやすい建物は硬く、柔らかくしやすい建物は柔らかくするのが効率的**です。

硬くしやすい建物とは、低層で壁の多い建物です。戸建て住宅のように高くても3階建てで、それほど広い空間が必要とされない建物がその代表です。わざわざ壁を減らしてまで柔らかくするよりも、しっかりと耐力壁の量を確保したほうが耐震性は高まります。

柔らかくしやすい建物とは、高層で壁の少ない建物です。鉄骨造のオフィスビルのように細い柱でできており、できるだけ柱のない広い空間が求められる建物がその代表です。

無理に柱を太くして硬くするよりは、変形性能が高まるような材料や形状を選定したほうが耐震性は高まります。

硬い建物を推す側と柔らかい建物を推す側、どちらも「相手が間違っている」「自分が正しい」と主張していたわけですが、エネルギーという観点からはどちらも同じことを主張していたことになります。

答えを知っている現代の視点からだと当然のようにも思えますが、当時の人たちにとっては予想外だったことでしょう。

## 最適は最悪です

コンピュータの処理能力が上がることで、これまでできなかったことができるようになってきました。

中でも広く活用されているのが「最適化」です。建築の構造においても例外ではありません。柱の太さや壁の厚さ、使用する材料から鉄筋の量、あらゆる組み合わせの中から、もっとも構造設計者の要求に近いものを計算により選び出すことができます。

最適化は設計のどの段階でも活用できますが、設計の中盤から終盤にかけて、柱や壁などのサイズを決定するためにも使用されます。細すぎる柱や太すぎる柱を探し出し、もっとも適切なサイズに置き換えてくれます。


最適化は、無駄をそぎ落としていく行為と言えます。

同じ階にある全ての柱の太さが同じという建物もままありますが、各柱が負担している力の大きさが同じということはまずありません。負担する力が小さいのであればその柱を太くしておく必要はなく、細くしてやればそれだけコストが浮きます。

そうした無駄をどんどん減らしていくことで、細くて軽くて安い建物ができます。合理的な判断であり、悪いことなんて何もないようにも思えます。

しかし、ことはそう簡単ではありません。

最適化が最適であるためには、不確定な要素があるのは望ましくありません。思ったより使用したコンクリートが弱かった、いざつくってみたら柱が少し細くなってしまった、というのは建築ではよくあることですが、これでは最適化の前提が狂ってしまいます。建築にはばらつきや誤差などの不確定要素が多いので、最適化の際には注意が必要となります。

中でも、どんな地震が起こるか、というのはもっとも不確定な要素です。

地震と建物の揺れの関係は複雑です。地震によって、建物の下のほうがよく揺れるときもあれば、上のほうがよく揺れるときもあります。

下のほうがよく揺れる地震を対象として最適化を行うと、下のほうを強めに、上のほうを弱めにした建物となります。そうなると、上のほうがよく揺れる地震が起こった場合には建物が壊れてしまうことになります。ある地震に特化して無駄をそぎ落とすので、他の地震に対する余裕度が削られてしまうからです。

**ある条件に対して最適化するということは、他の条件に対して最悪化するということ**でもあるのです。

不確定要素を減らすために、いろいろな地震を対象として最適化するという方法もあります。そうすれば、弱点の少ない建物になるでしょう。

ただ、考慮することが増えれば増えるほど、最適化によって導かれる答えは平凡なものになりがちです。あれもこれもとケアしなくてはならないので、玉虫色の結果になるからです。

せっかく最適化を行っても、普通に設計した場合とあまり変わらない建物ができるのであれば効果は薄いです。

そもそも、建築と最適化の相性はいいのでしょうか。

大量生産するのであれば、最適化により少しでも軽量化やコストダウンが図れれば大きな意味があります。しかし、建築は同じ図面を使って同じものを建てることはまずありません。建物を安くできるのは魅力的ですが、設計の費用がそれ以上に高くなってしまっては本末転倒です。

また、建築の大部分は人の手によってつくられます。工業製品のように機械で製作できるものであれば複雑な形状でも問題ありませんが、建設現場という環境ではできることが限られてきます。

最適化によって柱の太さを一本一本細かに変える、といったことをすると、帳面上のコストは最小化されるかもしれませんが、作業員や現場監督にとっては最悪です。とても監理も製作もできません。その結果、実はコストも最小化されないのです。

最適とは言うものの、何をもって最適とするかは、設計を担当する建築士次第なところがあります。建築士がどの部分を重視するかで答えは大きく変わり、決して客観的に決められるものではありません。

最適化は、目標に関係ない部分の余裕をできるだけそぎ落とそうとします。一見、合理的かもしれませんが、イレギュラーに対しては非常に脆弱になることを知っておかなくてはなりません。建築のような精度の粗いものに対して適用するには注意が必要です。

要は使いどころです。少なくとも、**最適化は最悪化と表裏一体**であることを知ったうえで取り扱う必要があります。

# 高層ビルはどう揺れるのか

将来どんな家に住みたいか、一度は考えたことがあるでしょう。自分が育ってきた環境や好み、考え方が理想の家のイメージに反映されるはずです。

そこにはいろいろな答えがあります。できれば庭付き一戸建てがいいと言う人もいれば、逆にマンション以外は考えられないと言う人もいるでしょう。賃貸か持ち家かも大きな問題です。

中でも好き嫌いがはっきりとわかれるものといえば、タワーマンションではないでしょうか。ステータスシンボルとして憧れを抱く人がいる一方、あんな高いところには絶対に住みたくないと言う人もいます。

タワーマンションに住みたくない理由としてよく挙げられるのが、地震が起こった際の脆弱性です。停電が起こってエレベータが止まった場合にどうするのか、特に高層階では揺れが激しくなるから嫌だ、というものです。

タワーマンションを購入するかしないか、それは個人個人が判断することです。ただ、高層ビルの揺れ方について、一体どれだけ知っているでしょうか。判断するのはそれを知ってからでも遅くないでしょう。

**タワーマンションは低層の住宅より「怖い」かもしれませんが、「安全」かもしれません。**

地震の室内被害には「変形」によるものと「加速度」によるものがあります。建物が大きく変形すると、壁紙が破れる、建具（ドア、窓、襖《ふすま》などの仕切り）が歪んで動かなくなる、といったことが起こります。また、建物に大きな加速度が生じると、棚から食器が落ちる、中にいる人が恐怖を感じる、転倒する、といったことが起こります。

高層階では変形による被害も、加速度による被害も大きくなると思われがちですが、実は変形はそれほどでもありません。

もしかしたら建物頂部が大きく揺れている映像を見たことがあるかもしれませんが、あれは大きく変形している低層階の上に高層階が載っているだけで、高層階自体の変形が大きいわけではありません。

**高階層は、低層階より負担する力が小さいので変形しにくい**からです。

一方、加速度については高層階ほど大きくなる傾向にあり、2011年の東北地方太平洋沖地震でもそれを裏付ける多数のデータが得られています。よって、高層階ほど、家具の転倒などの危険性は高いと言えます。


しかし、もっと大きな地震を想定すると、少し意外なことが起こるかもしれません。ひび割れなどの影響で建物の揺れ方の特性が変わり、中層階では地面や低層階よりも加速度が小さくなる可能性が解析により示唆されています。また、高層階でも低層階と同程度まで加速度が小さくなる可能性があります。

ただ、加速度の最大値が同程度であったとしても、高層階のほうが長い時間揺れ続けることになります。

低層階の加速度は地面の動きの影響が大きいので、地面の揺れと連動して小さくなりますが、高層階の加速度は建物自体が大きく揺れた結果なので、地面の揺れが収まった後もしばらくは揺れが続くからです。注意が必要なことは変わりません。

高層ビルが倒壊するようなことはあるでしょうか。

建物の高さが60ｍを超えると、「時刻歴応答解析」という高度な計算が必須になります。高さ60ｍ以下の建物では、ゆっくりと横から力を加えるという簡易な方法で間接的に安全性を検証しますが、時刻歴応答解析では「地面がこう揺れたら建物はこう揺れて、次に地面がこう揺れたら建物はこう揺れて、さらにその次地面が……」というように、延々と繰り返し計算することで、建物が実際にどう揺れるかを直接的に検証できます。

地震を単純化する簡易な計算方法より、地面の動きに応じて建物の揺れを計算する時刻歴応答解析のほうが計算の精度が高いことは明らかです。

また、時刻歴応答解析は基準が厳しめに設定されています。通常の方法で安全性を確認した高さ60ｍ以下の建物に対し、時刻歴応答解析による検証を行うと、耐震基準を満たしていないという結果になることが多いのです。

高さ60ｍを超える建物には、他の建物よりも大きな安全率が課されていることになります。倒壊してしまった場合に周囲に与える影響が甚大なためです。

木造住宅や低層のマンションよりもタワーマンションが大きく揺れる地震は多数存在します。建物が揺れている時間も長くなりがちなので、怖さを感じることもあるでしょう。ただ、だからといって危険なわけではありません。**タワーマンションの下敷きになってしまう可能性はかなり低い**でしょう。

## 勝手に揺れ出す高層ビル

建物を揺れないようにするため、建築士や技術者は日々知恵を絞っています。しかし、それが裏目に出ることもあります。

２０２２年9月18日、仙台市のホテルにて「建物が大きく揺れたため宿泊客が避難する」という事態が起こりました。「ＡＭＤ」と呼ばれる装置の誤作動が原因とされています。

本来は建物の揺れを止める装置であるＡＭＤが、逆に建物を揺らしてしまったようです。なぜこの装置が建物を揺らしてしまったのか、装置の誤作動によって建物の安全性は低下してしまうのか、報道内容から推測してみましょう。

ＡＭＤとはActive Mass Damper（アクティブ・マス・ダンパー）の略語で、巨大なオモリとアクチュエータ（電気などのエネルギーを、押したり引いたりする力に変換する装置）を組み合わせた装置です。電気によって作動し、小さな地震や強風により生じる建物の揺れを小さくすることができます。

主に鉄骨造の高層建物に導入されており、中でもホテルに設置されていることが多いです。

鉄骨造の建物は鉄筋コンクリート造の建物に比べて軽く、場合によっては半分程度しか重量がありません。建物が軽いと、地震の際に建物に生じる力は小さくなりますが、風には煽られやすくなります。

また、風というのは高いところほど強く吹きます。つまり、鉄骨造の超高層建物は一番風の影響を受けやすい建物と言えます。

オフィスであれば慌ただしく動き回っている人もいますが、ホテルの場合はソファでくつろいだり、ベッドで横になったりします。そのため揺れに対して敏感になっており、少しの揺れでも不快に感じてしまいます。

風でゆらゆら揺れているようなホテルには誰も泊まりたくないでしょう。そのため、高層のホテルではＡＭＤを導入することが多くなります。

ＡＭＤがどのように揺れを小さくしているか、非常に単純化すると、①風が吹く、②建物が揺れる、③建物の揺れをセンサーで計測する、④アクチュエータが建物の揺れを打ち消す方向にオモリを押し出す、⑤建物の揺れが小さくなる、ということの繰り返しです。

もちろん実際にはもっと複雑ですが、原理を理解するにはこれで十分です。

図15 AMD

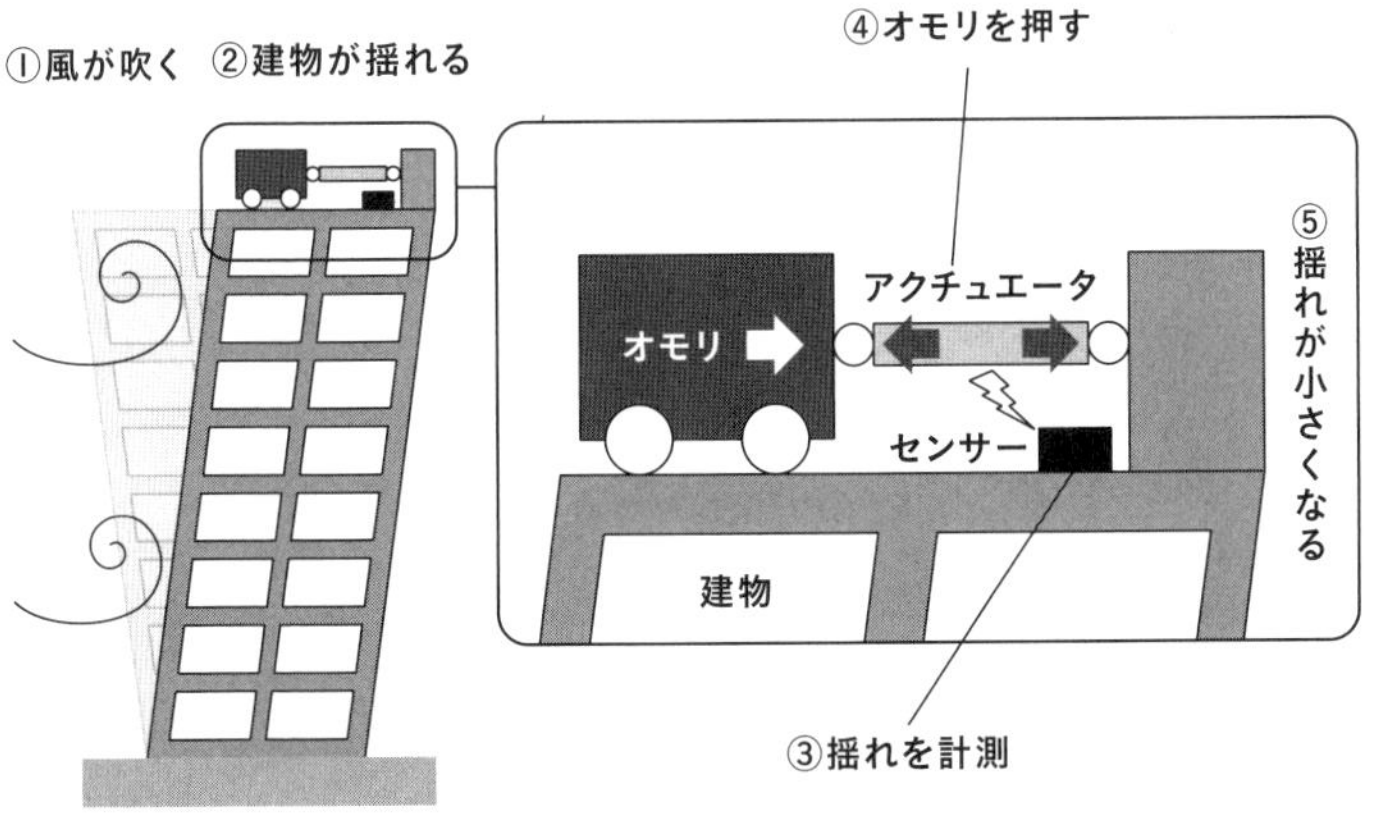


　オモリを押すと、その反作用として建物を押す力が生じます。この力を利用して建物の揺れを相殺するのです。オモリは「アクチュエータが建物を押すための足場」のような役割を果たします。オモリが重いほど安定した足場となるため、揺れを抑える効果も高まります。

　風による揺れを、アクチュエータが建物を押すことによって相殺しているわけですが、風による揺れがない時にアクチュエータが作動してしまうとまずいことになります。相殺するものがないので、**アクチュエータが押した分だけ建物が揺れてしまう**ことになるからです。

本来は、建物の揺れ具合に応じて適切な力で押し返すよう制御されているわけですが、それは揺れ具合をしっかりと把握できていることが前提となります。センサーの計測に不具合があれば、建物が揺れてもいないのに押したり、おかしなタイミングで押したりすることになってしまいます。

ということで、おそらく仙台市の当該ホテルでは、計測に用いているセンサー類が誤作動し、アクチュエータが困った動きをしてしまった、というのが真相ではないでしょうか。

強風による揺れ、地震による揺れ、そのどちらもAMDにより小さくすることが可能です。ですが、AMDを「大地震時の揺れ」を小さくするために使用することはまずありません。

当然ながら、建物というのは非常に重たいものです。ちょっとやそっとの力で押しても動いたりしません。揺れを制御しようと思うと、ものすごく大きな力が必要になります。しかし、AMDのオモリが小さいと、建物を強い力で押そうにもその前にオモリが動いてしまって押せなくなります。数年に一度の台風による揺れを制御する場合と、数百年に一度の大地震による揺れを制御する場合とでは、必要になるオモリの大きさがまったく違ってきます。

風揺れ制御用のＡＭＤのオモリの重量は、建物重量のゼロコンマ数％程度ですが、それでも数十トンくらいになります。一辺が２ｍの鉄の立方体でも60トン強しかないことを思うと、かなりの大きさです。

地震による揺れを制御させようと思うと、装置がとてつもなく大きくなることがわかります。もちろんつくろうと思えばつくれるでしょうが、サイズもコストも超特大になり現実的ではありません。

今回の装置の誤作動でもわかるように、人間のつくるものに完璧なものなどあり得ません。ＡＭＤがうまく動かなかった時のことを考えて設計する必要があります。「風で建物が揺れて気持ち悪い」という快適性の問題であればＡＭＤで対応可能ですが、「大地震時に建物が壊れないか」という安全性の問題に対しては、ＡＭＤの効果を見込みづらい、ということです。

信頼性の面においても、ＡＭＤに大地震時の揺れを制御させるのは現実的ではありません。

ＡＭＤには「力の限界」と「制御の限界」という二つの限界があります。

「力の限界」があるため、仮に誤作動したとしても建物を壊すような力を発揮することはありません。仙台市内の当該ホテルでは、建物がギシギシと音を立てて揺れていればかなり怖かったでしょうが、**安全性には一切問題なかった**はずです。

めったにあることではないでしょうが、このような事態に遭遇しても慌てず落ち着いて避難してください。

また、「制御の限界」があるため、大地震時の建物の安全性とＡＭＤの作動は切り離されています。地震時に悪さをするようなことはありません。

ということで、これからも安心して超高層ホテルに宿泊してください。

# 理屈がわかると建築はもっと面白い

建築の構造に対するあなたの予想は当たっていたでしょうか。なんだか思っていたのと違う、予想が外れた、そんな事例が複数あったことでしょう。

その理由は、日常的に目にする現象よりも少しだけ難しいところに踏み込んでいるからです。重力のように一定の力が作用し続けるのではなく、地震のように力が絶えず変化する場合。損傷のない健全な状態ではなく、ひび割れなどによって損傷が進行していく状態。前提が変わることで、これまでの常識が通用しなくなることがあります。

耐震工学が始まった当初、きっと本章に記したような事例が起こるとは思っていなかったことでしょう。先人たちは何度も予想を裏切られ、そのたびになぜそうなったのかを突き止めてきました。そのおかげで、一介の建築士である私でも、こうしてその理屈を解説することができます。

そして、あなたも、もう理屈を知ってしまいました。次からは、もはや予想外だとは感じなくなっているでしょう。理屈や理論があなたの感覚を補い、強化し、以前より正しい直感が得られるようになっているはずです。

建築は工学とデザインの融合と言えます。と言っても、完全に溶け合っているわけでもありません。

工学の色が強く出るか、はたまたデザインの色が強く出るかは時と場合によります。とにかく奇抜なデザインを実現したいとなれば、多少合理性を無視してでも工学がデザインに合わせて寄せていきます。電波塔のように高さを追求する必要があるときは、構造の制約の中でデザインが工学に合わせて寄せていきます。

建物が持つカタチには理由があり、その裏には工学とデザインのせめぎ合いがあります。理屈がわかればそれが見えてきます。

そうすれば、**もっと建築が面白くなる**はずです。

# 第6章

# 建築とは、想像と創造である

# 設計時に想像すること・創造すること

建築とは、ゼロから何かをつくり上げることではありません。建設予定地が単なる更地であっても、その土地には独自の歴史が存在します。かつてはその街のシンボルとなる建物があったかもしれませんし、近隣住民が集まる憩いの場だったのかもしれません。その街に住む人にとっては何らかの思い入れがあるものです。そうした背景を出発点として、設計は行われます。

ここで言う歴史には、過去に発生した災害も含まれます。台風や地震の発生頻度、被害の程度などを調査し、建物の安全性についてどのような性能が真に求められているかを想像することが重要です。

求められている性能がわかれば、次はその性能を満たすためにふさわしい構造を選定します。使用する材料は鉄がいいのか木がいいのか、地震に耐えるために柱を使うのか壁を使うのか。想像するべきことはたくさんあります。

同じ建物が建てられることはまずありませんから、その建物の構造は、その建物だけのものになります。そのため、建築士は常に新しい構造を創造し続けなくてはなりません。**建築には、想像力と創造力の二つが必要**なのです。

## 「想定外」まで想像する

2011年の東北地方太平洋沖地震はマグニチュード9・0という日本の観測史上最大の規模でした。特に津波による被害が甚大で、多くの死者・行方不明者を出すとともに、沿岸部の町は壊滅的なダメージを受けました。

当初数mと報じられた津波の高さが実際には十数mに達するなど、予測を大きく上回ったことが大きな要因の一つです。

地震直後から、多方面で「想定外」という言葉が使われるようになりました。こんなことが起こるとは思ってもみませんでした、というある種の敗北宣言ですが、体《てい》のいい責任逃れにも聞こえます。

確かに観測史上最大の規模だったかもしれませんが、869年に東北地方で貞観の三陸沖地震という巨大地震が発生していたことは専門家に知られていました。

人類にとって1000年はとてつもなく長い時間ですが、巨大地震を考えるにはそれくらいの時間スケールが最低でも必要ということです。

偉そうに高所から批評してはみたものの、建築業界もおちおちしていられません。建物の安全性を検証する際に想定する地震の大きさは、数百年に一度というレベルですが、実際にはこの想定を超える地震が何度も観測されています。

被害をある程度抑えられているので大きな批判は起こっていませんが、多くの建物が被害を受けた1995年の兵庫県南部地震（災害名：阪神・淡路大震災）のようなことが再び起ころうものなら、業界を揺るがす大問題となるでしょう。

日本海溝のように日本の地下深くにプレートが沈み込んでいるような場所では、周期的に巨大地震が引き起こされます。近年では特に南海トラフ沿いの巨大地震の発生が危惧されており、想定規模の見直しも行われています。

ですが、気を付けるべき地震は南海トラフだけではありません。相模トラフという存在もあります。ここでは、**どういった想定をすべきか現在進行形で議論が進められている、相模トラフ沿いの巨大地震**について見てみましょう。


相模トラフは、相模湾から南東に延びる、全長250kmのプレート境界です。たとえ名前を聞いたことがなくても、「関東大震災を引き起こしたところだ」と言われればその重要さがうかがい知れるでしょう。

相模トラフは地震多発地域として知られており、1703年の元禄関東地震や1923年の大正関東地震など、巨大な地震が何度も発生しています。ただ、それ以前の記録に乏しいため、正確な再来周期はわかっていません。平均的には180年～590年とされています。

地震調査研究推進本部や日本建築学会など、様々な機関で検討が行われています。

相模トラフにより引き起こされる地震はどの程度の規模になるでしょうか。「元禄」も「大正」も昔のことなので正確な規模はわかりませんが、マグニチュード8前後だったと考えられています。また、「元禄」のほうが「大正」よりもマグニチュードが最大で0・3程度大きかったと考えられています。

たかが0・3ではありますが、これは「元禄」のほうが「大正」よりも3倍近く地震のエネルギーが大きかったということです。

震源域も大きく異なっており、「大正」では神奈川全域から千葉の西半分くらいまでですが、「元禄」ではさらに千葉の東半分と千葉県の太平洋沖まで含まれます。

相模トラフに近い地域では、相模トラフ沿いの巨大地震を想定して建物を設計する必要があります。

では「元禄」と「大正」、どちらを参考に設定すべきでしょうか。規模の大きい「元禄」

でしょうか。あるいは、「元禄」より以前にあったであろう巨大地震も含めてでしょうか。
これからの設計において**「想定外」は厳に慎まなければなりませんが、「対象外」は必要かもしれません。**

「元禄」からは約300年、「大正」からは約100年が経過しました。次の大地震が目前に差し迫っているという状況ではありません。まだ大丈夫だろうと「想定外」にしておくわけにはいきませんが、想定されるもの全てを安全性検証の「対象」にするかは議論の余地があります。

建築はあくまでも経済活動です。「耐震性を高めることでデザイン性が低く、使い勝手が悪くなった建物に、今までよりも高いお金を払え」となってしまえばどのような影響が出るかはわかりません。

また、絶対に壊れない建物はつくれません。どれだけ頑丈につくっても倒壊の確率がゼロにならない以上、どの規模の地震まで考慮するかを決めなくてはなりません。人命保護のために最低限の基準は必要ですが、倒壊の確率を0・01%にするか0・0001%にするかは、施主が決めるべき項目として残しておくべきではないでしょうか。

「元禄」も安全性検証の対象とするのか、あるいは想定だけにするかで地震や建築の専門家の間でも議論が分かれていると聞きます。

何でもかんでも安全を図り、大きめの設定にすることは簡単ですが、それは素人でもできることです。近いうちに相模トラフを対象とした設計用の地震動（地震によって生じる地面の揺れ・動き）が発表されるでしょうが、「元禄」と「大正」、どちらの地震を基にしたものか注目です。

## 必ず予想よりも弱くなるという定理

構造計算とは、建物が壊れないことを確認する行為です。そのため、施主から「この建物は安全ですよね？」と聞かれれば、「構造計算をしたからこの建物は壊れませんよ」と答えたくなります。

しかし、この回答は正しくありません。

構造計算を行うためには、地震の大きさを想定する必要があります。想定した規模の地震に対しては確かに壊れないかもしれませんが、それより大きな地震が起これば、当然壊れる可能性はあります。

どのような地震が起こるかわからない以上、構造計算をすれば絶対安心だということはあり得ません。絶対を求めてしまうと、想定する地震を際限なく大きくするしかなくなってしまいます。

想定した地震の大きさで耐震性が決まってしまうのであれば、構造設計者の出る幕はないように思えます。しかし、もちろんそんなことはなく、構造設計者が検討すべき項目はいくつもあります。

中でも重要なのは、地震によって建物がどのように壊れるかを考えることです。

建築の構造に関する理論はいくつもありますが、ぜひ押さえておきたいものに「上界定理」があります。非常に単純化してお伝えすると、**建物の本当の強さは必ず予想よりも弱くなる**というものです。

建物がどのように壊れるかを考えるべき理由がここにあります。

建物が倒れるまでにどのくらいの力に耐えられるかは、非常に重要です。その建物が持つ耐震性の大小を表す指標となるため、できるだけ正確に求める必要があります。

しかし、建物が耐えられる力の大きさを求めるのは簡単ではありません。

建物が倒れるまでにはいろいろな部分に損傷が生じますが、どの部分が損傷するかの想定を間違えると、求める力の大きさが変化してしまうからです。損傷するであろう部分を損傷しない、損傷しないであろう部分を損傷するとしてしまえば、おかしな結果になるのも当然です。

そして、どんな想定で求めた値であっても、その値は、本当の壊れ方を想定した場合よりも必ず大きくなってしまいます。実際にものが壊れるときは一番弱いところから壊れるので、それよりも小さい力で壊れることはないからです。これが上界定理です。

壊れ方の想定を間違えると、実際よりも大きな力に耐えられるという計算結果になってしまうので、その建物の耐震性を過大評価してしまうことになります。

例えば、3階が弱い建物において、2階が壊れると想定して計算すると、3階が壊れるとした場合よりも必ず耐えられる力の大きさは大きくなります。また、1階が壊れると想定して計算しても同じです。

計算して求めた値は、必ず本当の値と同じか、それよりも大きくなるのですから、求めた値はありうる答えの中でもっとも大きな値、つまり「上側」の「限界」の値となる。だから上界定理というのです。

つまり、**建物がどうやって壊れるかを想像できない構造設計者には、建物の持つ本当の強さがわからない**ということになります。耐震性を過大評価していることになるので、実際には耐震基準を満たしていない可能性も出てきます。

想像力を鍛えることが、優秀な構造設計者になるための必要条件です。

現在では構造解析用のプログラムが整備され、建物がどこから壊れていくか、順を追って計算できるようになっています。ある程度の知識があれば、あとはプログラムが勝手に、現行の耐震基準で定められた計算手順に従って計算を進めてくれます。

なんの想像力を働かせなくても、形だけの構造計算ならできてしまうのが現状です。

しかし、それはあくまでも耐震基準に書かれた、ただの計算手順上の話です。実際の建物は物理法則に従って、もっと複雑に揺れ動きます。

真の値を知るためには、もっといろいろな状況を想像しなくてはなりません。建物が耐えられる力は必ず予想よりも小さくなるのですから、考え過ぎるということはありません。プログラムによって算出された数字だけで安全性を語る構造設計者はご免です。

## 力の流れが見えるか

建物が地震で揺れるのは、地盤の揺れが建物に伝わってくるからです。木造2階建ての場合、まずは建物の下にある地盤が揺れ、それが地盤と接する建物の基礎に伝わり、1階の床面が揺れる。それと同時に1階の壁を通して2階にも揺れが伝わり、2階の床面が揺れる。そこからさらに2階の壁を通して屋根面に揺れが伝わることになります。

図16　地震時の力の流れ

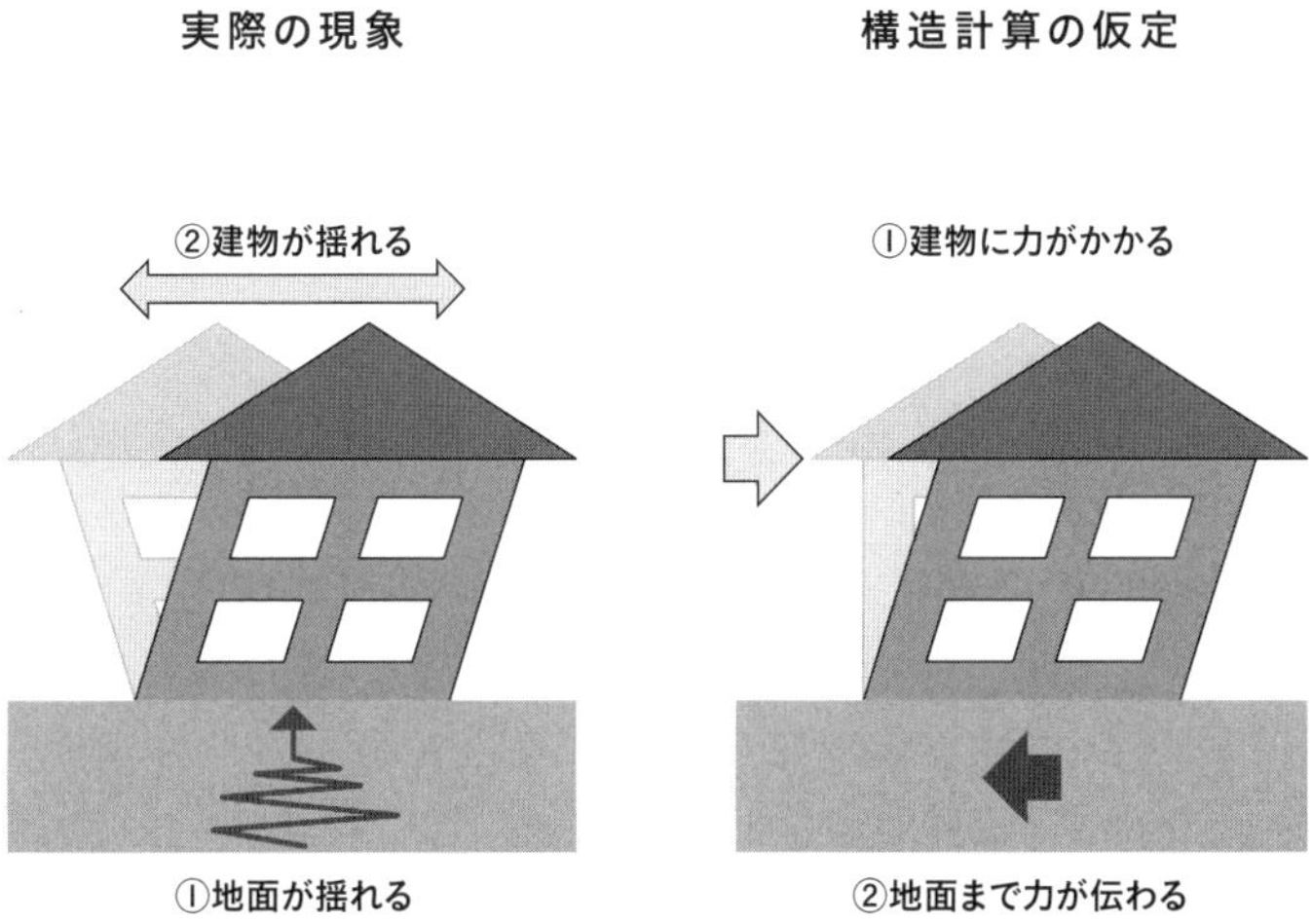
実際の現象
②建物が揺れる
①地面が揺れる
構造計算の仮定
①建物に力がかかる
②地面まで力が伝わる

文字に起こすとなんだか複雑なように見えますが、当たり前と言えば当たり前のことです。

しかし、構造計算ではこうした揺れの伝播は考慮しないものが多いのです。下（地面）から上（屋根面）に揺れが伝わっていくというステップを飛ばし、いきなり「屋根面と2階の床面に力がかかる」という状況を想定します。

これは、地震の「揺れ」を「力」に、地震のスタート地点を「地盤」から「屋根面と床面」に置き換えていることになります。そしてそれらの力が、力の通り道となる建物の各部を壊さずに、ちゃんと地盤まで伝えられるかを確認します。

つまり下から上ではなく、上から下に力が伝わるという逆の順番を辿るわけです。

なぜこのような想定をしていいかというと、下から伝わった揺れは、結局一番上で反射し、また下に戻っていくからです。

下から上、あるいは上から下というように地面と屋根面の間を往復するのです。力が伝わりさえすればそれでいいので、下から上だろうと、上から下だろうと問題になりません。

構造計算の目的は建物の安全性を確認することであり、**厳密に現象を再現したいわけではありません**。構造計算を行ううえでの利便性が優先されるため、単純化や仮定、置き換えが頻繁に行われます。

それを構造設計者は忘れてはいけません。

構造計算における重要な仮定の一つに「剛床仮定」があります。簡単に言えば、「建物の床がとても硬く、力が加わっても変形しない」という仮定です。

建物が地震によってどれくらい変形するかを計算することは、建物の安全性を確認するうえで重要なことです。

しかし、柱や壁がそれぞれ自由に変形できるとすると、柱1本、壁1枚ごとに計算しなくてはならず、大変な手間となります。そこで「剛床仮定」を使います。

ある柱が右に2㎝ズレた場合、床が非常に硬ければ、その隣にある柱も右に2㎝ズレるしかありません。左にズレたくても床が変形しないので、隣にある柱との距離を変えられないからです。

そうすると、代表的な柱の変形だけ計算すればよくなるので、必要な計算の量が劇的に減ります。構造計算に要する時間が大幅に短くなるので、ほとんどの建物において「剛床仮定」が採用されています。

ただ、中には剛床仮定を採用するのが不適切な場合もあります。当然ながら、この仮定を用いるには実際に床が非常に硬い必要があります。床の硬さが計算時の仮定とかけ離れたものになっていると、計算結果が信頼できないものになってしまうからです。

例えば、「コ」の字形の平面を有する大規模な建物において、上側の先端部と下側の先端部が同じように動くとは考えづらいです。また、「ロ」の字形の平面であれば、歪んで長方形から平行四辺形になってしまわないかの確認が必要です。

もし、大きな力を負担するはずの分厚い壁が、床のない吹き抜けに面しているとすれば、一体どこから壁まで力が伝わってくるのでしょうか。

「力が建物内をどのように伝わっていくか」という力の流れを考えるのは、構造設計における基本中の基本であり、構造計算が成り立つ大前提でもあります。力の通り道となる部分のどこかに一カ所でも弱いところがあれば、そこから壊れてしまうことになるからです。剛床仮定は、力の通り道の一つである床を「絶対に大丈夫」と見なすことと同じです。そう考えることで、面倒な計算を大幅に省略することができます。

しかし、その大幅に省略された構造計算では、床が「絶対に大丈夫」かの確認はできません。

**目に見えない力の流れを想像し、しっかりとケアすること**が構造設計者の職務です。

図17 剛床仮定①

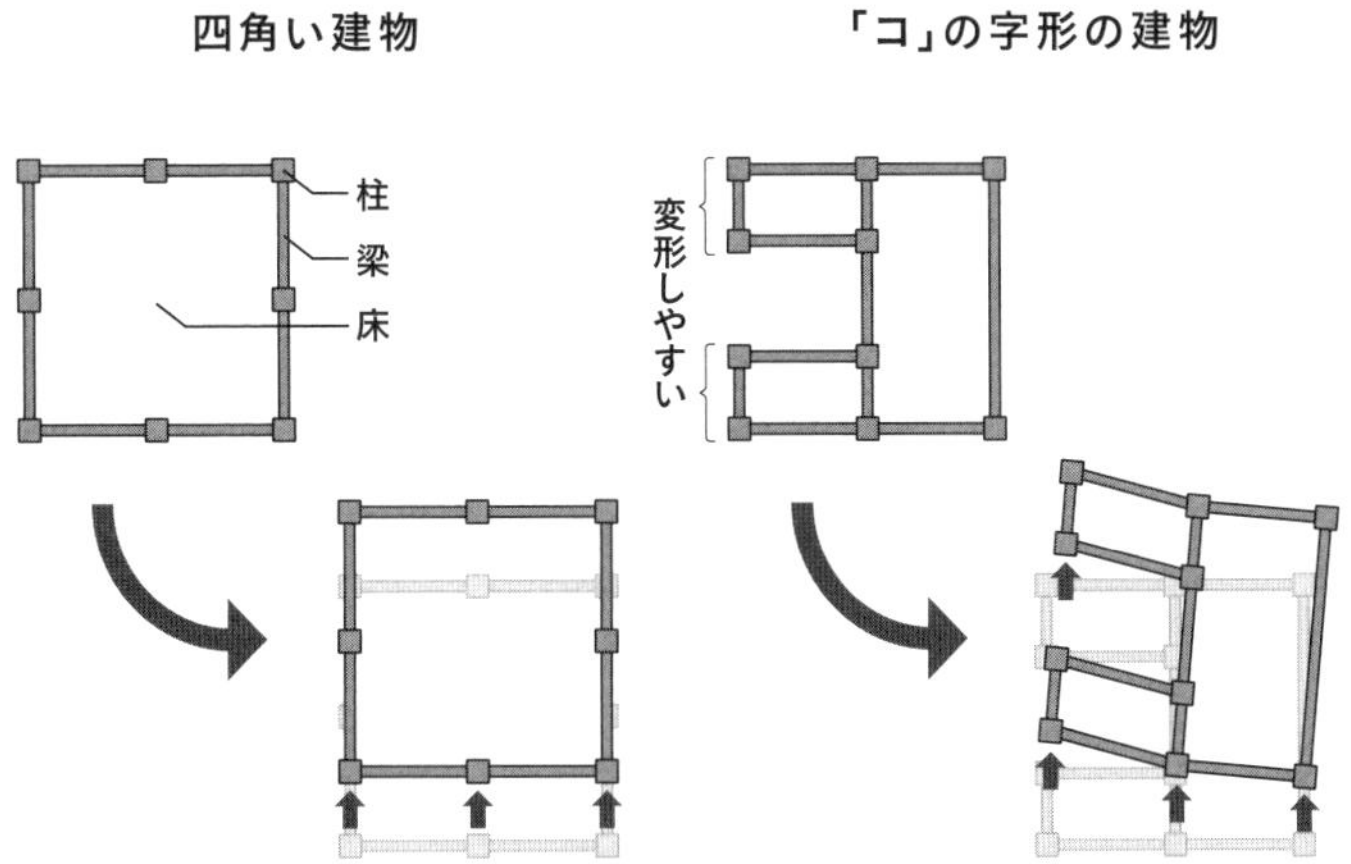


図18 剛床仮定②

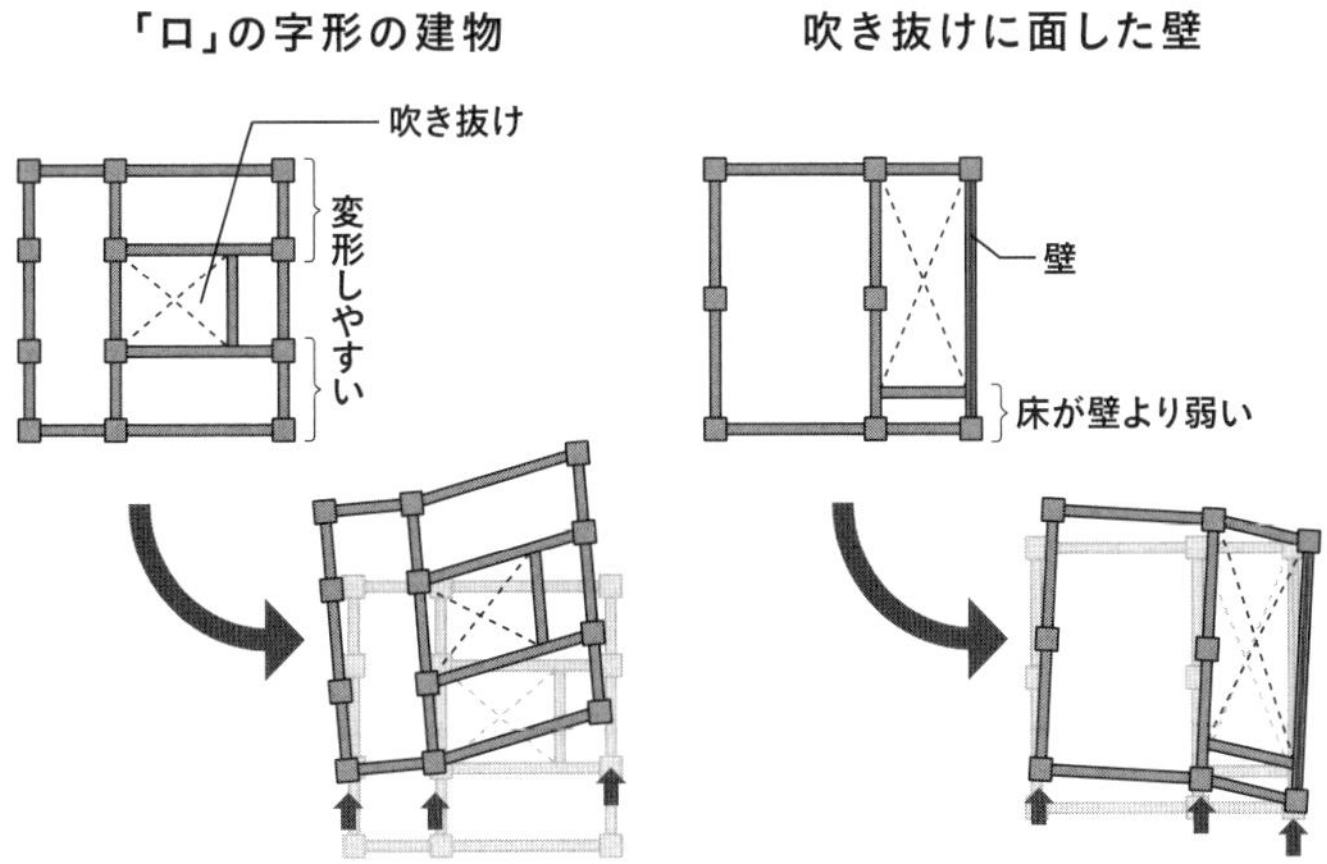

# 解析の限界を超えたその先は

コンピュータの処理能力の進歩には目を見張るものがあります。巨大な建物の詳細な解析モデルであっても、手元のパソコンで計算できるようになってきました。

より詳細な解析モデルでは、柱一本一本というレベルではなく、柱の中に入っている鉄筋一本一本まで、場合によっては鉄筋についている節の一つ一つまでがモデルで再現され、解析が行われています。

今後もさらに建物の実情に近いモデルがつくられていくことでしょう。

解析は構造計算にだけ用いられるわけではありません。構造に関わる実験の結果を再現することも可能です。

実験では限られた数の試験体（実験に用いる建物の各部を模したもの）しか性能を確認することができませんが、解析では試験体の種類や数をほとんど制限なく、かつ非常にローコストで増やすことができます。

解析と実験の結果がよく対応すれば、実際には行っていない実験の結果を予測することにも使えます。

解析モデルが精緻になるにつれ、実験の再現度も高まってきています。

しかし、実験の結果を後から精度よく再現することはできても、あらかじめ予測することは簡単ではありません。解析と違い、実験では試験体の寸法や材料の品質などにばらつきが存在するからです。

事前に解析で見込んでいた値と、実際に試験体が有している値には必ず差があります。それを実験の前に知ることは難しいか、あるいは不可能なことが多いです。また、その現象が起こる原理をうまくモデルに取り入れられていない場合もあります。

これは柱1本の単純な実験でも当てはまります。同じ材料で、同じ寸法になるように試験体をつくったつもりでも、実際には強さや硬さにばらつきが生じますし、ひびの入り方も同じにはなりません。

それに対し解析では、基本的に同じ条件を入力している限り毎回強さは同じで、ひびが入る位置も同じとなります。やはりばらつきを含んだ「現実の世界」である実験と、一切のばらつきがない「デジタルの世界」である解析とでは完全な一致を望めません。

特に実験と解析とで差が出やすいのは、試験体が大きく損傷を受けるときです。例えば鉄筋コンクリートの部材を用いた実験の場合、ひびが入るまでは実験と解析は比較的精度よく一致します。しかし、一旦ひびが入ると、解析の精度はガクンと下がります。ひびが入ることで、ひびのない健全な状態だったときよりも変形しやすくなるのですが、ひびの入る位置や本数、幅によってその度合いが変わるからです。

衝突のように、ドンッと一度だけ試験体に力を加えるのであればまだいいのですが、地震のように繰り返し力を受ける場合は、力を加えるごとに誤差が蓄積していきます。一回一回はそれなりの精度で計算できたとしても、何度も力が繰り返し加えられると、実験とは似ても似つかぬ結果となることがあります。

こんな時に有効なのが、起こっている現象を単純化することです。モデルを精緻で複雑なものに変えていくこととは真逆の行為です。

しかし、これこそが建物を理解することにつながります。**細かい部分をそぎ落とすことで、その現象の本質だけが残る**からです。

本質がわかれば、あとは単純なモデルでいろいろ検討すればよいのです。

日本に超高層ビルが建てられ始めたのは1960年代からですが、当時のコンピュータの性能では、超高層ビルの解析を行うことが容易ではありませんでした。ビルの各階は異なる動きをするので、40階建てのビルであれば40の動きを同時に計算しなくてはならないからです。

しかし、当時の構造設計者たちは、各階の動きをまとめて数個分に減らすという方法を取りました。これなら当時のコンピュータでも解析することができます。このように設計されたビルの多くは、今でも問題なく使用されています。

単純なモデルを用いると、思考実験を行うのも容易となります。極限状態でこの建物がどうなるか、想像を巡らすことで思わぬ見落としを防ぐことができるかもしれません。

地震時の地面の動きというのは複雑ですが、建物に大きな被害をおよぼす成分だけを抜き出すことで単純化できることが知られています。極限まで単純化し、地面が1往復だけ動くと仮定しても、それほど精度は低下しません。

ここまで単純化できれば、頭の中だけでも多くの検証を行うことができますし、膨大な数の解析も短時間で済ませることができます。

この単純化により、どういう地震が建物にとってもっとも危険なのか、どのくらいの耐震性があれば二度の大地震に耐えられるのか、といったことに答えが与えられています。

モデルが複雑になり過ぎると、入力と出力の関係が人間の頭では処理しきれなくなります。また、解析に用いる材料や寸法をいろいろと変えて検証したくても、解析に時間がかかってしまうので簡単ではありません。

そして、人間が理解している・していないにかかわらず、解析による答えは出てきてしまうので、そこで検討を終わりにすることもできてしまいます。精緻なモデルというのは諸刃の剣でもあるのです。

難解な数式や複雑なモデルによって精緻な検討を行うことは重要です。しかし、そこには限界があることも確かです。

**その先はどうなっているのか、それは思考によってしか辿り着けません。**

# 繊維、入れてみました

新しい建築の表現方法と新材料は切っても切れません。新しい材料が出てきたからこそ実現できるデザインがあります。

しかし、新しい材料と言っても、特殊な金属やプラスチックではありません。基本的には従来から使われてきた鉄・コンクリート・木に特殊な性能を追加したものです。

これらは、厳密には新しい材料とは言えないかもしれませんが、建築の構造部分に使用していい材料として建築基準法に定められています。あくまでも鉄・コンクリート・木の一種であるため法の制限を受けず、比較的自由に設計に取り込むことができます。

では、どのように設計に取り込まれるのでしょうか。


これまでに、いろいろな特性を持つ鉄が開発されてきました。例えば、高張力鋼《こうちょうりょくこう》という新しい材料は、従来の鉄の倍以上の強度を有しています。

強度が高ければ、それだけ細い材、薄い材で建物をつくることができます。

また、熱に強い耐火鋼というものもあります。通常、鉄でできた柱や梁には、火災時に材を熱から守る「耐火被覆《たいかひふく》」を取り付ける必要がありますが、耐火鋼を用いることにより耐火被覆を省略でき、デザインの幅を広げてくれます。


しかし、特殊な鉄の種類の数々も、コンクリートの多彩さに比べれば大したことはありません。

コンクリートはセメント・砂・砂利・水などを混ぜ合わせたものですが、そこに混和剤と呼ばれる特殊な薬品を追加することで、性能を大きく改善することができます。混和剤の硬化促進作用や界面活性作用などの化学作用により、固まるのを早めたり遅くしたり、流動性を変化させたり、水を減らすことで強度を高めたりと、多種多様なコンクリートを実現してきました。

また、化学的な作用だけでなく、コンクリートに直接強いもの、硬いものを混ぜるという物理的な作用により、性能を高めたコンクリートもあります。

それが繊維補強コンクリートです。

繊維補強コンクリートとは、読んで字のごとく、一緒に繊維を混ぜ込むことで補強を施したコンクリートを指します。繊維は引っ張る力に対して強いため、引っ張る力に対して弱いコンクリートの弱点を補ってくれるのです。

鋼繊維、ガラス繊維、ポリプロピレン繊維、炭素繊維など、いろいろな素材でできた繊維が使用されています。古代ローマでは馬の毛をコンクリートに混ぜていたという話もあるようです。

「繊維によってコンクリートを補強しよう」という考えは決して新しいものではありませんが、近年は建築の素材に求められる性能が向上しているため、**繊維を利用したコンクリートの開発が盛んに行われています。**

繊維補強に期待される一番の効果は、ひび割れの防止でしょう。コンクリート内に埋め込まれる鉄筋は細いものでも直径10㎜はありますが、ひび割れ防止に用いられる鋼繊維は直径ゼロコンマ数㎜程度です。

また、コンクリートを流し込む際に邪魔にならないよう、鉄筋はある程度の間隔を空けて配置しなくてはなりませんが、コンクリートとあらかじめ一緒に混ぜられている鋼繊維には関係ありません。

太いものがスカスカにしか入らない鉄筋による補強と、細いものが密に入る鋼繊維による補強とでは、ひび割れを抑制する効果がまったく違います。鋼繊維がコンクリートの隅々にまで行き渡ることで、鋼繊維で補強したコンクリートには、ほとんどひびが入らなくなります。

決まった方向に限られた本数しか設置されない鉄筋に対し、補強繊維は細くて短いものが前後左右に散らばります。そのため、どんな方向にコンクリートが引っ張られようとすぐに鋼繊維に拘束され、ひび割れが伸展しにくくなるのです。

繊維補強を施していない鉄筋コンクリートの部材に、大地震を想定した変形を加えても、完全に壊れてしまうことはありません。ただ、ひびがビリビリに入ってしまい、変形を元に戻してもひびは閉じません。

それに対し、鋼繊維により補強を施した部材は、多少のひびは入るものの、変形を元に戻せば気にならないレベルのひび割れしか残りません。

地震後の耐久性に大きな差が出ることは言うまでもないでしょう。

繊維補強には、コンクリートの爆裂防止も期待できます。

コンクリートはある程度火災に強い材料です。コンクリート自体燃えることはありませんし、熱に弱い鉄筋は柱や梁の内部にあるので、熱の影響を受けにくくなっています。しかし、コンクリートの強度を高めていくと火災に弱くなってしまうのです。

強度が高いコンクリートは、強度が低いコンクリートに比べ緻密で、空隙《くうげき》があまりありません。そのため火災時に熱せられてコンクリート内部の水分が膨張すると、圧力の逃げ道がなくなってしまいます。そして最後はコンクリートを壊すほどに圧力が高まり、表面が爆裂してしまうのです。

そこで使用されるのがポリプロピレン繊維です。ただし、爆裂しようとする圧力を繊維の強さで無理やり抑えるわけではありません。鋼繊維であればそういう効果も期待できなくはないですが、ポリプロピレン繊維による補強では繊維の材質をうまく利用しています。ポリプロピレンは鋼やガラスと違い、高温になれば溶けてしまいます。コンクリート表面付近のポリプロピレンが溶けて蒸発することで、内部の蒸気の逃げ道ができるというわけです。コンクリートの強度が高いほど空隙が不足するため、強度に応じて混入するポリプロピレン繊維の量を増やして、蒸気の逃げ道を確保しておく必要があります。

古代から長きにわたって、コンクリートは特別な補強を施されないまま、単体で使用されてきました。それが19世紀のフランスで鉄と組み合わせるというアイデアが生まれ、爆発的に適用範囲を広げるに至りました。

そしてまた、次の新しいステージに入ろうとしています。繊維による補強によって、鉄筋がなくても安全な構造物を構築できる道筋が再び付けられました。また、鉄筋とうまく組み合わせることで構造物の耐久性を大幅に高めることを可能としました。

第2章で示したように、これまで存在しなかった完全な新材料では、もはや建築業界に大きなインパクトを与えることは難しいかもしれません。

しかし、この繊維補強コンクリートの例は、**古典的な材料であっても、創造的な工夫を施すことで新しい地平を切り開ける**ことを示しています。

## 嫌われ者をデザインにする

建築学科に入学してくる学生のほとんどは、建物のデザインがしたくてやってきます。というより、建築にデザイン以外の領域があることを元より意識していない学生も多いようです。

そして建築論や建築概論、あるいはそれに類する講義で「強・用・美」という言葉に触れ、なるほど「美」以外にもそういう領域もあるのね、と初めて気づきます。

東海地方など、地震防災に関する意識の高い地域の出身であったり、幼少期に大地震を経験していたりすると「強」に興味を持っていることもありますが、やはり全体から見れば少ないでしょう。

設計の講義に出席し、設計課題をこなす中で、やっぱりデザインは向いてないや、と考えて構造に鞍替えする層がいることによって、構造を専門とする人材が確保されるという側面もあります。

建築のデザインにおいて、基本的に柱や壁といった構造の要素はできるだけ小さくて細く、薄いほうがいい。むしろ、なくせるならなくしてしまいたいと思われているのではないでしょうか。意匠設計者には、ここの柱はなくせますねと言えば褒められ、少しだけ柱を太くさせてくださいと言えば嫌な顔をされます。「美」を担当する意匠設計者にとって、構造は邪魔でしかありません。

しかし、「強・用・美」とあるように、どれか一つ欠けても建築は成立しません。どれほど快適でデザインがいい建物であっても、いつ倒れるかわからないとなれば、誰も使用したいとは思わないでしょう。

できるだけ構造を目立たないようにしてあげたいが、それでも必要なものは必要なんだ、と構造設計者は思っているかもしれません。

ですが、よく考えてみましょう。

「強」は「美」に引け目を感じなければならない存在なのでしょうか。

「強」は「美」を損なうだけの存在なのでしょうか。

確かに柱は細いほうが、屋根は薄いほうがデザイン性に優れていることが多いです。しかし、構造の存在感を薄めることだけが正解ではないでしょう。

**構造がもっと魅せてもいい**はずです。

「外殻《がいかく》構造《こうぞう》」という構造形式があります。カタツムリなどの軟体動物の殻やコガネムシなどの昆虫の外骨格のように、台風や地震など、外部からの力に抵抗する要素を建物の外側に集めた構造を指します。

大きな柱や分厚い壁が建物外観にそのまま見えることになってしまいますが、その代わりに建物内部は広々とした空間とすることができます。

オフィスビルなどでは特に明るさが求められます。できるだけ少ない柱で建物を支え、外周はグルッと丸ごとガラス張りというものも多いです。外殻構造では外周の大部分を柱や壁が占めるため、どちらかと言うと暗い建物になりがちです。また、窓などの開口部が少なくなる分、見た目も重たい印象を与えがちになります。

広い内部空間を優先するには優れた構造ですが、何かしら他の点で妥協しなくてはならないイメージを意匠設計者は持っていました。

しかし、それを払拭するようなビルが建ち始めました。2000年代に、外殻構造でありながら、と言うより外殻構造だからこそできる優れたデザインが登場したのです。

代表的なビルとして旧TOD'S表参道ビル（2004年竣工）とMIKIMOTO Ginza 2（2005年竣工）を挙げておきましょう。どちらも設計は伊東豊雄建築設計事務所です。前者は表参道の代名詞とも言えるケヤキ並木をイメージした外観を有し、後者は有機的な開口がいくつも壁にあけられ、なんとも不思議な雰囲気を醸し出しています。

そして、その外観がそのまま建物を支える構造になっています。**構造とデザインが見事に一致した、まさに画期的な事例**と言えるでしょう。

これまで、どちらかと言うと構造とはできるだけ隠すものでした。窓をつくるのに邪魔になるもの、人の視線や動線を遮るもの、見た目を重たくするもの、というネガティブなイメージが付きまとっています。細い柱も薄い壁もその延長線上にあります。

しかし、そんな時代はすでに終わって久しいのです。「強」と「美」は相反しません。そもそも土木の世界では、橋もダムも、その構造自体の美しさで多くの人を惹きつけています。

まだ見ぬ新しいデザインが、創造されるのをいまかいまかと待っています。

#「耐える」のではなく「制する」のだ

建物が耐えなくてはならないものの代表が、重力と地震です。

重力は常に下向きに一定の力が作用します。地球上にいる限りは小さくすることができません。使用する材料の軽量化や、上部に向かって建物を細くすることで負担を減らすことはできますが、重力自体が小さくなるわけではありません。

それに対し、地震では地面が揺れる方向・大きさが時々刻々変化します。地面が揺れるタイミングによっては、その上にある建物の揺れが増幅されることもあれば、逆に相殺されて小さくなることもあります。地震と建物の相性によって建物の揺れの大きさは変化するということです。

設計を工夫することで、揺れが増幅しない建物をつくることができるかもしれません。

耐震工学が始まった当初は、とにかく建物を強く・硬くすることが正解でした。「耐震」という言葉からもわかるように、どんな地震が来ても耐えられる建物にするのが基本だったのです。

しかし、建物を強く、硬くするということは、柱を太くしたり、壁を増やしたりすることです。それでは広い空間、開放感のある空間をつくることが難しくなりますし、柱や壁を増やすにも限界があります。強さや硬さを高める以外の方法で建物の安全性を高めることができないか、研究が進められました。

その答えが「エネルギー」です。

建物の安全性を強さと硬さ以外で評価するためには、建物の揺れをエネルギーとして考える必要があります。

エネルギーというのは、一気に伝わるものではありません。地面が揺れることによって建物にエネルギーが伝わり、時間の経過とともに建物の運動エネルギーやひずみエネルギーとして蓄積され、その結果として揺れが大きくなります。

エネルギーがたまるまでにある程度時間がかかるので、その間にエネルギーを逃がしてやれば揺れが大きくなることを防げるのです。

エネルギーを逃がすことで**地震によって建物に生じる揺れを制する「制振」という考えが生まれました。**英語ではvibration controlといい、日本語にすると、揺れ（vibration）を制御（control）する構造です。

では、エネルギーを逃がすとはどういうことなのでしょうか。

実は、エネルギー保存の法則により、エネルギーそのものをなくしてしまうことはできません。その代わり、建物の揺れとは関係ない別のエネルギーに変換することで逃がしてやることはできます。具体的には、熱エネルギーに変換します。

金属の棒を何回も繰り返し折り曲げていると、曲がったところが熱を持ちます。また、ネバネバの液体をぐるぐるとかき混ぜていると、少しずつ液体の温度が上がっていきます。これは棒を曲げるためのエネルギー、液体をかき混ぜるためのエネルギーが熱エネルギーに変わったということです。

建物の運動エネルギーやひずみエネルギーを熱エネルギーに変換する特殊な装置を「制

振装置」あるいは「制振ダンパー」と呼びます。

いろいろな種類のものがあり、建物の揺れに応じて制振装置の金属部分が変形したり、内部のネバネバの液体がかき混ぜられたりすることで効果を発揮します。

制振は超高層ビルのあり方を変えました。

超高層ビルは、グラグラとゆっくり揺れることで地震の力を伝わりにくくしているという特性上、多少建物を硬くしたところで変形が小さくなるとは限りません。また、建物を硬くすればガタガタと素早く揺れるようになり、内部にいる人が感じる揺れはむしろ強くなる傾向があります。

それに対し制振は、建物の変形も、内部にいる人が感じる揺れも小さくすることができます。建物の硬さは地盤の揺れとの相性があるので、硬くすることが必ずしも建物の揺れを小さくすることにはつながりませんが、エネルギーを逃がす**制振の機能は基本的に大きければ大きいほどいい**のです。どんな地震に対しても有効に働くということです。

いまや高さ200mを超えるような新築の建物で、制振を導入していないものは存在しないのではないでしょうか。1970年代に建てられた新宿の超高層ビル群も改修工事が進み、その多くが制振の建物に変わりました。

戸建て住宅用の制振装置の開発も盛んです。大手ハウスメーカーが独自開発の制振装置を標準仕様として取り入れたり、ゴムメーカーや機械メーカーが工務店、一般消費者向けに制振装置を販売したりしています。

あまりにも制振装置の種類が増えすぎて、逆に選ぶのが難しい状況になっている側面もあります。また、誇大広告気味のものや、効果の比較が不適切なものもあります。それだけ広く世の中に浸透してきたということでもありますが、今後の法整備が期待されるところです。

少なくとも実験結果をちゃんと公表している制振装置を選ぶほうがいいでしょう。

制振という新しい概念が、建築の花形とも言える超高層ビルの設計に変化を与えました。また、日本の建物の大多数を占める戸建て住宅の地震対策にも、新たな潮流を生み出しました。制振には、まだまだ多くの可能性が秘められています。

# 「耐える」のではなく「免れる」のだ

前節で耐震と制振について説明しました。耐震は建物に入ってきたエネルギーに耐えられるようにすること、制振は建物に入ってきたエネルギーが蓄積しないように逃がすことにより、地震時に建物が倒れないようにしています。

もちろん耐震と制振は別のものではありますが、共通点もあります。どちらも建物にエネルギーが入ってくることを前提としているところです。耐震と制振の違いは、入ってきたエネルギーにどう対処するかという点だけです。耐震、制振ともに、そもそも建物にエネルギーが入ってこないようにする、ということは考えていません。

しかし、建物にエネルギーが入ってこないようにしようという考え自体は古くからあり

図19 丸太免震

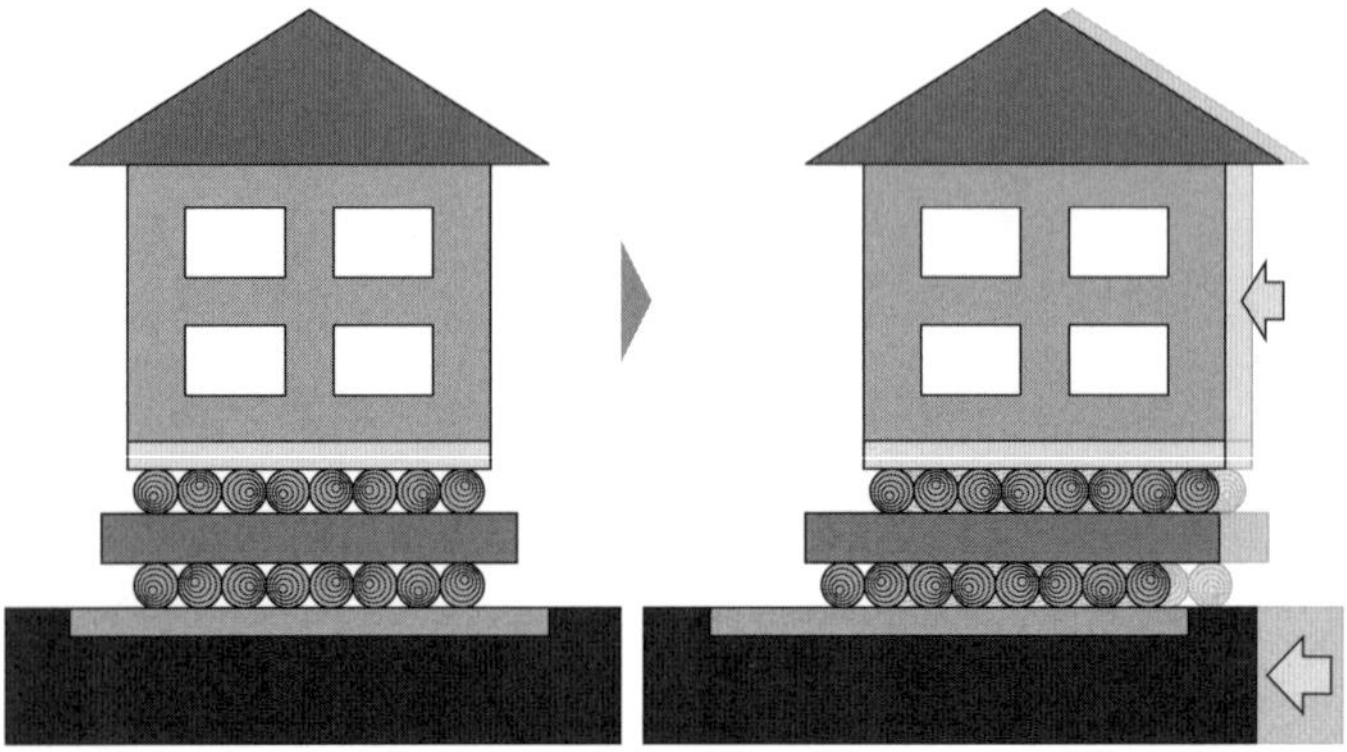

ました。19世紀末から20世紀初頭にかけて、建物に地震の揺れを伝えないようにするためのアイデアや特許が多数生まれています。

例えば、丸太を何段か縦横直交するように並べ、その上に建物を置く、というようなものです。地面の上を滑ったり転がったりすることで、まるで地面と縁が切れている（地面の動きと建物の動きが連動しなくなる）かのように振る舞うことを期待しています。

こうした構造は20世紀後半には実用化されており、**揺れに「耐える」のではなく、揺れを「免れる」ことから、「免震」と呼ばれています。**英語ではbase isolationといい、基礎（base）と地面の縁が切れた

(isolation) 構造です。

では、実際に地面と建物の縁を切るにはどうすればいいのでしょうか。地球には重力があり、地盤が建物を支えなくてはなりません。地盤と建物が繋がっている以上、縁は切れないように思えます。

しかし、地震の特性を考えると、そこに抜け道があることがわかるのです。地震によって地盤は前後左右、上下に揺れますが、被害のほとんどは前後左右、つまり水平方向の揺れによってもたらされます。

そのため、縁を切る必要があるのは水平方向だけで、上下方向、つまり鉛直方向はそもそも縁を切る必要がないことになります。重力は鉛直方向にしか作用しないので、建物を支えながら（鉛直）も、地面の揺れ（水平）とは縁を切ることができるのです。鉛直方向は建物を支えるだけの硬さと強さがあり、水平方向は柔らかくてほとんど力を伝えない、というものがあればいいということになります。

そして、そんな都合のいいものが実はあります。「積層ゴム」です。日本の免震建物のほとんどはこの積層ゴムを用いています。

積層ゴムとは、厚さ数㎜のゴムと鉄板を交互にミルフィーユのように重ねて貼り合わせることでつくられた装置です。一枚一枚のゴムは薄いものの、全てのゴムを足した厚さは20㎝前後となり、水平方向には厚さの数倍まで変形することができます。

分厚い1枚のゴムにしていないのは、上から押されたときにゴムが横にはみ出さないようにするためです。ゴムがはみ出すと鉛直方向に大きく変形してしまうため、建物の重さを支えられなくなってしまうからです。

ゴムを薄くし、さらにその間に硬い鉄板を入れることではみ出しが抑えられ、建物を支えられるくらい強く、硬くなるのです。

**免震は現時点で最高の地震対策技術**です。そして、これからもそうであり続ける可能性が高いでしょう。それだけ免震は優れています。

災害時に負傷者の受け入れ拠点となる地域の総合病院などでは、ほぼ例外なく免震が採用されています。実際、2004年の新潟県中越地震やそれ以降の大地震では、「病院を免震にしておいてよかった」という報道が必ず出てきます。

図20　ゴムの変形①：水平変形

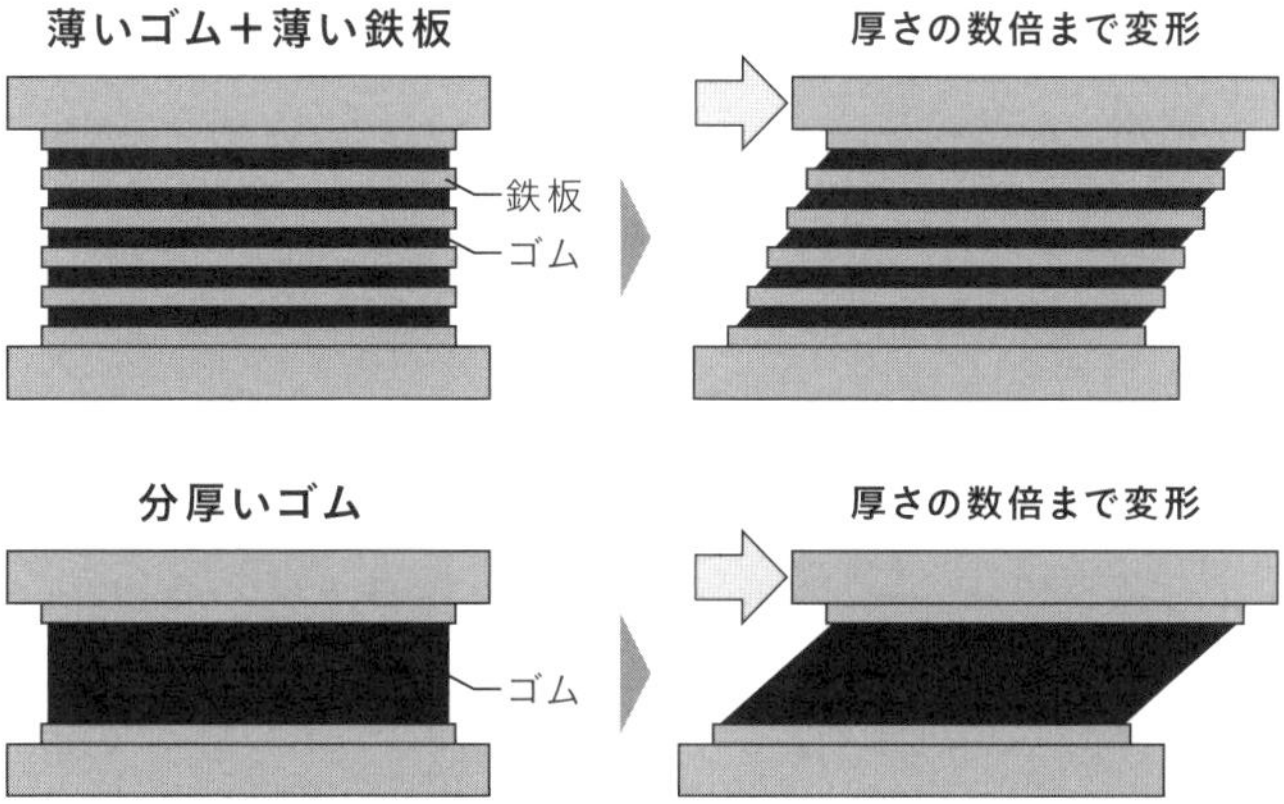


図21　ゴムの変形②：鉛直変形

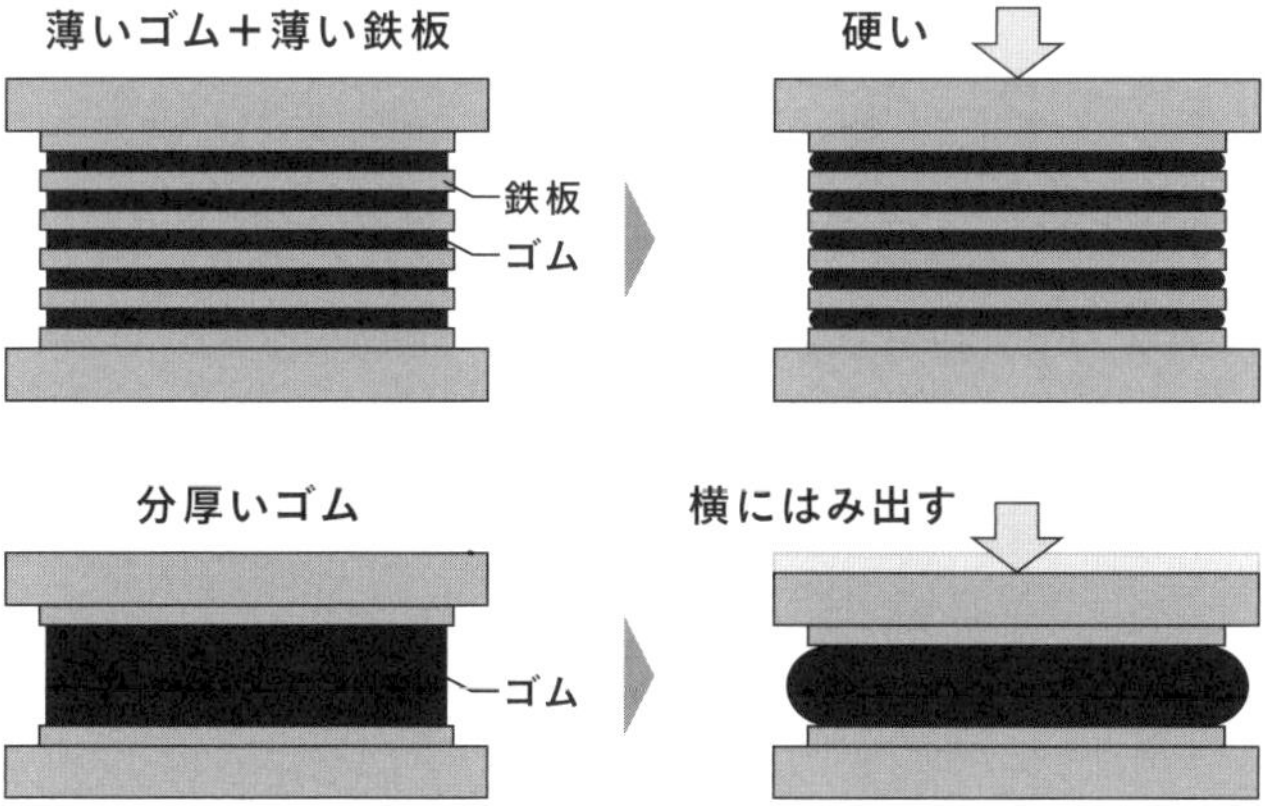

建物が壊れないだけでなく、建物内の家具や設備機器などの被害も大幅に抑えることができるからです。

また、**免震はデザインの幅を広げることにも大きく寄与**します。地震大国である日本のビルは、地震のほとんど起こらない国にあるビルに比べ、どうしても骨組が太い印象を受けます。日本における耐震基準の設定が非常に高くなっているため仕方がないのですが、「美」を担う意匠設計者としては不満でしょう。

免震であれば、地震により建物に生じる力を普通の建物の数分の一に抑えられるので、海外のビルのようなデザインが可能となります。

免震は、アイデア自体は非常に古いものの、それを実用化し、汎用的に使用できるようにすることで、建築や災害対策のあり方を大きく変えました。

シンプルでありながら非常に力強い技術であり、今後もさらなる工夫が加えられ、進化していくことが期待されます。

## 「受け」から「攻め」へ

制振装置は、建物の変形に伴って装置が伸びたり縮んだりすることで、揺れのエネルギーを熱エネルギーに変換します。

建物の2点間を繋ぐように設置され、地震や強風によりその2点間の距離が変化することで作用します。2点間というのは、基本的に上の階と下の階を指し、階間の変形差に対し作用させることが多いです。

戸建て住宅に用いられている制振装置の大半はこの繋ぎ方です。

建物の2点間をつないでいるだけなので、制振装置に生じる変形は建物の揺れが小さいときには小さく、建物の揺れが大きいときには大きくなります。建物の動きに応じて受動的にエネルギーを低減するので、パッシブ（passive：受動的、受け身）制振と呼ばれます。

変形差が生じるところに装置を設置しておくだけなので、パッシブ制振は機構が非常にシンプルになり、故障の心配がほとんどありません。メンテナンスの必要性は低く、また、コストも低く抑えられます。

ただ、建物の揺れを制する「制振」という言葉の意味からすると、建物の揺れに任せているだけの消極的な印象を受けなくもありません。もっと能動的に揺れを止めにいくようなことはできないのでしょうか。

建物の揺れを積極的に制御しようと思うなら、何かしら外部からのエネルギーが必要となります。

外部からのエネルギーとは基本的に電力を指します。制御には機械を使用するので、電力が一番利用しやすいからです。ですので、以後、電力と呼ぶことにしましょう。

電力の供給量に応じてできることは変わります。しかし、電力供給のないパッシブ制振では、装置が変形させられるのを待つことしかできません。

電力供給が少ない場合、制振装置自体が大きな力を発揮することはできません。その代わり、制振装置の持つ熱エネルギーへの変換効率を随時切り替えることは可能です。制振装置の変換効率の切り替えを電力にて行うものを、セミアクティブ（semi-active：半能動的）制振と呼びます。

制振装置は、常にエネルギーを制振装置の限界まで熱エネルギーに変換していればいいというわけではありません。それによって建物の変形は小さくなるかもしれませんが、建物の中にいる人にとっては急ブレーキのように感じてしまう可能性があります。

そのため、建物の変形が許容範囲内であれば、あえて変換効率を弱めるほうがいいタイミングがあります。建物の揺れの状況に応じて制振装置の熱エネルギーへの変換効率を切り替えられるようにしておくことで、変換効率が一定の場合には実現できないような高性能な制振となります。

電力供給が多い場合、制振装置自身に大きな力を発揮させ、直接建物を押したり引いたりすることができます。電力によって装置に力を発揮させるものをアクティブ（active：能動的）制振と呼びます。ちなみに前章で触れたＡＭＤもアクティブ制振の一種です。

理論的には、アクティブ制振によって地震時に一切変形しない建物をつくることができます。あるいは、地震時に一切加速度が生じない建物をつくることもできます。

前者は、地震によって建物に生じる力と同じ大きさで逆向きの力を与えることによって、後者は、地震によって生じる地盤の変形と同じ大きさで逆向きの変形を与えることによって実現可能です。

しかし、本当に実現しようと思うとハードルが非常に多いです。停電時の電力供給、誤作動の防止、初期導入コスト、メンテナンスコストなど、かなり重たい課題がいくつも横たわっています。

ホテルのＡＭＤの誤作動がいい例です。もしＡＭＤが大地震時の揺れを制御できるほどの性能を持っていたとしたら、誤作動が起こると建物には大地震時並みの揺れが生じてしまうことになります。まだまだ市民権を得ている技術とは言い難いでしょう。

理論面において、建物の揺れの制御は高いレベルに達しています。制振装置の性能を最大限発揮させる最適な制御が可能です。あとはどうやって信頼性を高め、かつローコスト

図22 アクティブ制振

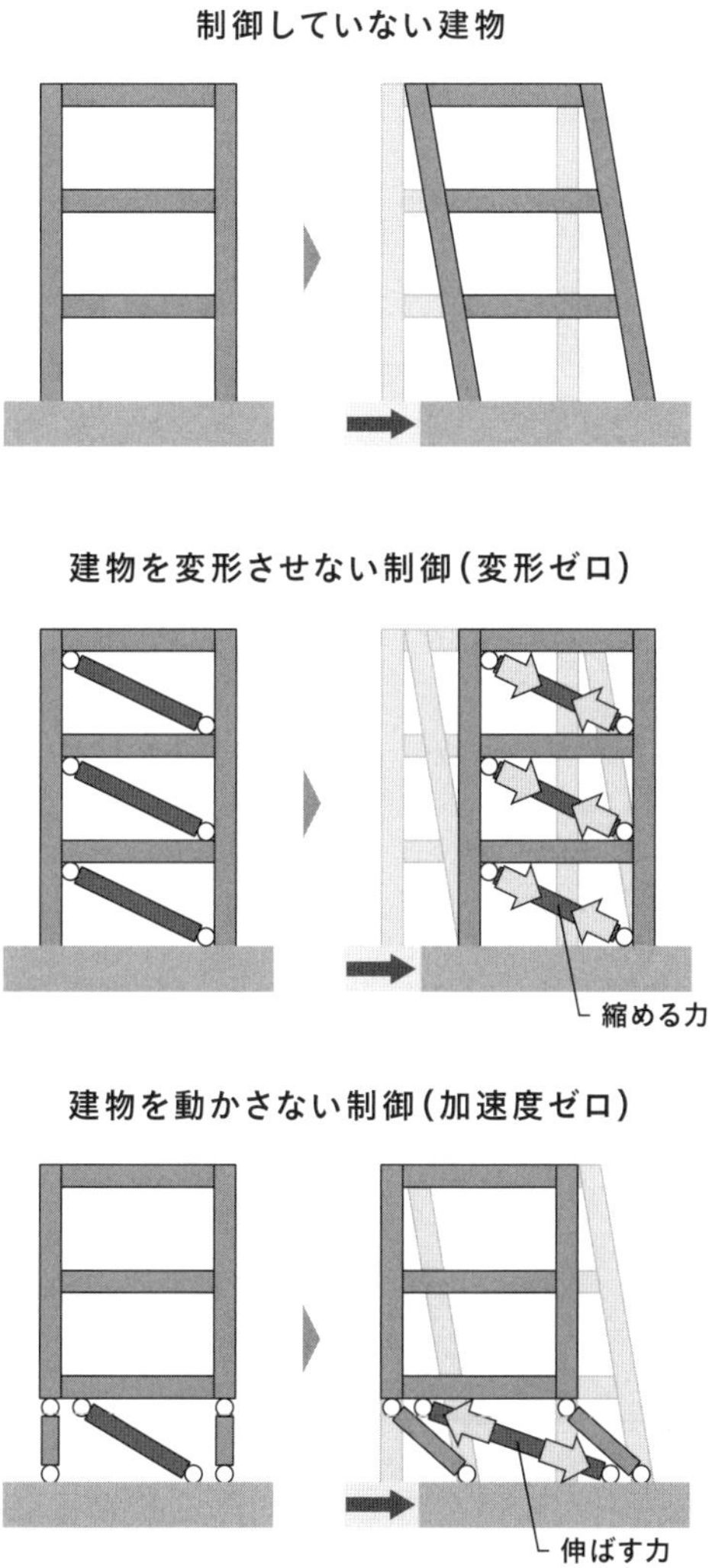
制御していない建物
建物を変形させない制御(変形ゼロ)
縮める力
建物を動かさない制御(加速度ゼロ)
伸ばす力

にしていくかというところが普及へのポイントです。
現状では「受け」のパッシブ制振が主流です。**「攻め」のセミアクティブ制振・アクティブ制振を普及させるには新たな創造が必要**かもしれません。

# あなたが「建築」を変える、かも

本章前半では建築の構造に関する想像力の大切さを、後半では創造力の大切さを訴えてきました。

想像力により間違いを回避し、創造力により新たな地平を切り開く、どちらも不可欠な力です。建築の歴史に新たな一ページを加えるのに、優れたデザイナーである必要はありません。優れた構造を生み出せば、それだけで建築のあり方を変えることができます。

しかし、別にゼロから何かを生み出す必要はありません。すでにある考えや材料を使っても新しいものは生まれます。ここで紹介した建築を変えた技術も、急にポンッと出てきたわけではなく、先人たちが連綿と紡いできた流れの中に位置付けられるものです。逆に、新しい技術に対して、そんなことは自分も考えていた、と言ってはいけません。それはコロンブスの卵です。

頭で思うことと、それを形にすることには大きな隔たりがあります。

建築は年々複雑になっているかもしれませんが、本質は変わっていません。重力が昔より大きくなったわけでもありませんし、人間の身長が倍になったわけでもありません。歴史的建造物を見て美しいと思う感性は今も昔も同じでしょう。今でも先人が積み上げてきたものには価値があります。

おそらく、新しい構造を生み出すためのパズルのピースの大半はすでに与えられていま す。後はほんの1ピースが欠けているだけなのかもしれません。そしてそれは、建築以外の分野に転がっている可能性も高いのです。

**あなたの持っているピースが建築を変えるかもしれません。**

# 第 7 章

# 建築とは、未来である

# 建築の最先端へ

時代の最先端を行く技術と言えば、一昔前はＩＴ、今であればＡＩでしょうか。また何年かが経てば答えは変わっていくでしょうし、人によっても答えは変わるでしょう。

ただ、今現在、建築が時代の最先端を行く技術だ、と感じている人はまずいないでしょう。ここ数年の建築技術の進歩のおかげで以前とは生活スタイルが変わった、なんてことを耳にすることはありません。

しかし、かつては建築が最先端だった時期もあります。古代ギリシャ・ローマの時代がそうだったと言っても異論は少ないでしょう。この時代、壮麗な神殿や公共建築物が多数つくられましたが、建築は単なる物理的な存在ではなく、知識と技術を統合した総合芸術であり、思想や文化を表現するものとして捉えられていました。

さすがに社会が高度に複雑化した今、建築にそこまでの力はありません。また、まだまだ職人や作業員の方々の手作業が多く残る、時代遅れな部分も多いのです。

しかし、ゆっくりながらも進歩は続いています。

本章では、**未来を感じられる建築の話**を紹介しましょう。

# 建築、宇宙へ行く？

これまで人間は、高さ800mを超えるビルを建て、長さ数㎞におよぶ橋を架け、水深100mにトンネルを通してきました。次のフロンティアは海底都市か、空中庭園か。

どうやら大手建設会社が見ているのは宇宙のようです。地球にいながらにして宇宙での遠隔施工、月の砂の建材化、月面基地、などなど。メディア向けのポーズなのか、あるいは本気なのか、実際どちらなのかはわかりませんが、建築の構造に関わりがあるものを見てみましょう。

SF好きでなくても、宇宙エレベータという言葉を聞いたことがある人も多いでしょう。地球から宇宙まで続く長大なエレベータのことです。理論的には実現できるようです。高度3万6000㎞を周回する人工衛星は、24時間で地球を1周します。地球の自転と同じ周期です。そのため時間が経過しても人工衛星と地上との位置関係は変わらず、常に静止しているように見えます。動かないのであれば地上と繋ぐことも可能ではあります。

しかし、簡単でないことは誰にでもわかります。現在世界一高いビルはドバイにあるブルジュ・ハリファで、その高さは828mにもおよびます。しかし、㎞で表示すればたかだか0・8㎞です。4万棟積み上げても3万6000㎞には届きません。

ちなみに、世界最強クラスのコンクリートで柱をつくっていった場合、高さ10㎞付近でコンクリート自体の重さによって崩壊します。ピラミッドのように先を細らせていけば、底面積はそのままで体積が3分の1になり、高さ30㎞までは崩壊しなくなります。

それでもまだ全体（3万6000㎞）の1000分の1以下です。これは材料を鉄に替えてもあまり変わりません。強くはなりますが、その分重くもなるからです。

地球から離れれば重力の影響が小さくなることを差し引いて考える必要はありますが、既存の材料で高度3万6000㎞まで届かせようというのは明らかに無理があります。

宇宙エレベータ実現のために欠かせないのが軽くて強い材料です。現在、最有力候補としてカーボンナノチューブ（CNT、炭素原子が結合したチューブ状の構造）が挙げられています。候補に挙がるくらいですから、当然宇宙から地球まで吊り下げても壊れたりしない強度と密度なのでしょう。

ただ、この材料で長い材を安定して大量につくれるようになることが大前提です。そしてこの材を繋ぐ技術、補修する技術も最低限必要になります。強風が吹いたら一体どうなるのでしょうか。建設費やメンテナンスのことを考え出すと頭が痛くなります。

夢のある話ですが、まだまだ先は長そうです。

実際につくれるかという点でもう少し現実味がありそうなものとしては、月面での居住空間の建設が挙げられます。地球上の建物と構造的に何が違ってくるでしょうか。

まず地球に比べて月の重力は小さい。地球の約6分の1です。地震もあるようですが、その規模は非常に小さいものです。大気がないので風も吹きません。地球上では最重要検討項目となるこれらの要素は、月面ではほとんど気にしなくてもよさそうです。

しかし、実際には月面のほうがよほど過酷です。大気がない、というのが痛いのです。月面に大気がなかろうと、居住空間には絶対に大気が必要です。居住空間から大気が逃げていかないよう、気密性を高め、内部の気圧を保たなければなりません。

しかし、普段生活していても意識することはありませんが、地球の大気圧は大体10ｔ／㎡もあります。地球上では内部と外部とで圧力が釣り合うので気にしなくてもいいのですが、月面では外部からの圧力はないため、この圧力に耐えるのは簡単ではありません。月面では地球と同じような生活空間を構築するだけでも一苦労です。

月のクレーターの原因は隕石の衝突です。月に比べ重力の大きい地球の表面が凸凹になっていないのは、隕石が大気圏で燃え尽きてしまうことによります。毎年多くの隕石が地球に降り注いでいるようですが、日常的に隕石が当たるかもと心配する人は多くないでしょうし、隕石の衝突に備えるよう定めている建築の法律もありません。

しかし、大気がなく、隕石が燃え尽きることなく地表に達する月面では現実的な問題です。月面で居住空間をつくる際には、リスクを承知で当たらないことを祈るか、原子力発電所のように堅固なつくりとするしかありません。

建材の調達が難しい月面において、どこまでこれらをケアした建物ができるでしょうか。

建築が宇宙へ行く日は来る。とは思うものの、**まだ機は熟していません。**しばらくは地球でもっと技術力を高める必要がありそうです。

# 木造、天に届く？

超高層ビルの建設が行われ始めたころ、超高層ビルと言えば鉄骨造でした。近年はコンクリートの高強度化が進み、鉄筋コンクリート造のものもかなり建てられています。

そして昨今では、超高層ビルを木造で建てようという計画・構想が世界中でいくつも発表されています。台風や地震などの自然災害の多い日本も例外ではありません。

なぜ超高層ビルを木造とする必要があるのか。大きな理由としては、地球温暖化対策、森林資源の有効活用、林業振興、国土保全といったところでしょう。

すでに今、日本の山には戦後に植林された木が十分に育っています。そして、木材を建物に使えば使うほど、木に含まれる炭素が大気中に出ていくことなく街中にストックされます。また、木を伐採した後には植林を行うため、さらに炭素を大気中から取り込むことができます。

木材需要の大半は戸建て住宅ですが、着工戸数は年々減り続けています。人口が減少していく中、今後住宅の数が増えるとは考えにくいでしょう。そこで、**今まで鉄やコンクリートでつくっていた高層ビルを、木造に置き換えることで需要を喚起**しようとしているのです。林野庁などでは、木造化推進のための補助金などを設けています。

実際のところ、木材は超高層ビルの材料として適切なのでしょうか。

まず、木は燃えます。火事により焼失した歴史的建造物は少なくありません。にもかかわらず、超高層ビルでは避難に時間がかかるので、火災発生から3時間は重さを支えていなければならないと建築基準法に定められています。

火災に耐えるには、柱や梁の外側に燃えない材を貼る必要があります。これには手間もコストもかかりますが、同じく熱に弱い鉄骨造でも共通なので、それほど大きな欠点とは言えません。

では、木は強いのか。木造の柱で高層ビルを支えることはできるのでしょうか。実は、強さに関してはあまり問題ありません。確かに、木は鉄と比べてずっと弱い材料ですが、それ以上に軽い。

同じ重さ同士で比べると、木のほうが強くなります。

最後に、木の硬さは十分なのか。地震や強風による建物の変形を小さく抑えるためには硬さが重要です。しかし、残念ながら木は決して硬くありません。鉄より軽いことを差し引いてもまだまだ柔らかい。

木造の建物を硬くするには、柱を太くする、壁などの数を増やすといった対策が必要です。

鉄と比べたときの木の性能は、火災は同等、強さは優勢、硬さは劣勢と、一勝一敗一分けとなります。材料の特性だけを考えると、木造で超高層ビルを建てるのも悪くない印象を受けます。

では、実際に木材を用いて超高層ビルを設計する場合、どんな問題が生じるのでしょうか。

「同じ重さ」という条件を付けた場合、木材は鉄に負けない強さを持っていました。しかし、「同じ体積」という条件ではそうはいきません。同じ太さの柱で比べる場合、木造の柱は、鉄骨造の柱に比べて弱くて柔らかいことになってしまいます。

鉄骨造でも木造でも、建物の中にある空調機器や電気機器などの設備、あるいは天井や床などの内装材の重さは同じです。建物全体の重さが材料の重さと同じ比率で軽くなるわけではありません。

そのため、木造では非常に太い部材が必要になってしまい、その分だけ居住空間が狭くなります。**開放的な空間をつくるには、木材はあまり適していない**ことになります。


また、太い部材同士をつなぎ合わせる（接合する）のも大変です。接合したい部材をそれぞれ凸型と凹型に切り欠き、互いにはめ合わせるような昔ながらの方法では、十分な接合とはなりません。分厚い鋼製のプレートとボルトを用いる必要があります。

ただ、木材は鋼材よりも大幅に柔らかいので、ボルトが木材にめり込むなどしてズレが生じやすい。接合部がズレてしまえば、それだけ建物も変形しやすくなります。

木材自身が柔らかく、かつ、接合部も緩みやすいため、木造では建物の変形を抑えることが非常に大変になります。そのため、柱や梁はさらに太くならざるを得ません。


木材単体では、あまり魅力的な超高層ビルを建てられないかもしれません。しかし、鉄骨造や鉄筋コンクリート造とのハイブリッド構造ならどうでしょうか。

例えば、カナダのある大学の18階建ての寄宿舎では、鉄筋コンクリートと木のハイブリッド構造を採用しています。建物中央のコア部分が鉄筋コンクリート造、それ以外の部分が木造です。

寄宿舎では小さな個室が多数並んでいるだけなので、大きな空間を確保するために柱と柱の間隔を広げる必要がありません。細い柱をたくさん建てることができるので、木造でも無理なく支えられます。

地震の力は鉄筋コンクリート造のコア部が負担します。重力は木造部分、地震の力は鉄筋コンクリート造部分というように、力の分担を明確にしています。

最初は全てを木造でつくろうとしている建物も多かったですが、次第に木造がどういった用途に適しているか理解されてきたようです。適材適所、結局これが木材を活用する際のポイントです。

超高層ビルを表す英単語skyscraperは「摩天楼」とも訳され、天を摩する（天に届いてこすってしまう）ほど高い建物という意味です。アメリカでこの言葉が使われた当初は数十mの高さのビルを指していました。明確な定義はないようですが、今では高さ200mや300mを指します。

であれば、**天まで届く木造建物には、鉄もコンクリートも使われている**ことでしょう。

## 住宅、空を飛ぶ

空を飛んでいれば地震も怖くない、構造設計者ならずとも一度は考えたことがあるのではないでしょうか。ただ、普通は考えただけで終わります。そんなことができるとは思わないですし、ましてや自分でつくってやろうとは思いません。しかし、もはやそんなことを思う必要すらありません。もうすでに実現し、何棟もの住宅に導入されているからです。

一体どんなシステムか、簡単に見てみましょう。

空を飛ぶ、とは書いたものの、正確には「宙に浮かぶ」です。また、宙に浮かぶと言っても、常日頃からずっと浮かんでいるわけではありません。普段は地面とつながった一見普通の住宅なのですが、地震が起こったときだけ浮かぶのです。

建物に設置したセンサーが地震を感知すると、建物の基礎などに設置したエアタンク（圧縮した空気をためておく装置）が作動し、建物の基礎とその下にあるコンクリート板の間に空気を送り込みます。

これにより建物が浮上し、地面とは縁が切れ、地震の影響を受けなくなります。エアタンク内にため込んでいた空気を使用して一気に浮上させるため、浮上に要する時間は0・5秒程度。

浮きさえすれば揺れは伝わってきませんので、ほんの1㎜でも浮上すれば十分です。停電時でも作動できるようバッテリーを備えており、エアタンクも数回分の浮上に必要な空気をため込んでいます。

性能はどうでしょうか。もちろん超高性能です。浮いていれば揺れは伝わらないのですから。**揺れを免れる「免震」の最終形と言える**でしょう。

地震に対する性能が高いことはもう明らかですから、「浮く」ということについて少し考えてみましょう。

そもそも、浮くという考え自体は目新しいものでも何でもありません。思いつくだけなら簡単です。それを実現したことに意味があります。ただ、建物以外ではいろいろと浮くものはこれまでにもすでにありました。例えば、サッカーコートです。

札幌ドームでは、野球とサッカーの両方の試合が行えます。屋外からドームの中へサッカーコートを移動させてくることができるからです。もちろんそんな巨大なものを簡単に移動させることはできません。

そこで出てくるのが「浮上」です。縦120m、横85m、重さ約8300tの巨大なサッカーコートを浮上させ、重さを低減させることで移動を可能にします。

面白いのは、この巨大なサッカーコートを浮かせる力と、木造住宅を浮かせる力が大体同じくらいの大きさなのです。もちろん総重量はサッカーコートのほうが断然大きいのですが、単位面積当たりに均《なら》すと近い値になります。

浮くものと言えばドローンや風船など、空気を利用したものが多いです。そのため、「空気で浮かす」と聞いても特に何も思わなかったかもしれません。

ですが、例えばリニアモーターカーは磁力で浮上します。スクラップ工場では、先端に強力な電磁石をつけたクレーンが、自動車でもなんでも簡単に吊り上げています。

磁石を使うという方法はなかったのでしょうか。

残念ながら、磁石では、住宅に取り付けることができるようになるほどコストを落とせないでしょう。建物を浮かせるほどの磁石と、空気を閉じ込めておくだけのコンクリートの箱、どちらが高いかは明らかです。

コスト面で後者に軍配が上がります。


また、浮かせっぱなしでは建物がフラフラと安定しないため、磁力が一定で変化しない永久磁石ではなく、オンオフが可能な電磁石を使うでしょう。そうなると、電力の供給面でも不利になります。

エアタンクにため込んだ圧縮空気であれば、それを放出するだけで建物を浮かすことができます。エネルギーが必要なのは、スイッチのオンオフと空気量の調整くらいです。

それに対し磁力で浮かせようと思うと、浮かせるエネルギーがまるまる必要となります。地震時は停電を想定すべきですが、バッテリーでそれだけの電力を賄うのは大変そうです。

もっと重たい建物、もっと高い建物、強風の影響を受けやすい建物、こうした建物を浮かせるのは簡単ではありません。

ただ、可能性はあるでしょう。現状では戸建て住宅や低層の軽い建物などに用途は限られますが、もっと適用範囲を広げてほしいものです。

都市が丸ごと浮くなんてことになれば、それこそまさに未来です。

## コンクリート、鉄を超える？

コンクリートの強度は、コンクリートを上から押しつぶしたときに耐えられる力の大きさで表されます。強度の単位はMPaまたは$N/mm^2$（ニュートン・パー・平方ミリメートル）を使用します。

古代ローマの遺跡から採取したコンクリートでは、ばらつきは大きいものの、10 MPa前後を示すものが多くあります。現代の水準では弱くて使えないレベルではあるものの、製造されてから2000年経った今でも建物を支え続けています。

日本においては、一昔前までは18 MPaや21 MPa程度の強度のものもありましたが、近年は耐用年数を考慮して24 MPa以上とすることが増えてきています。

コンクリートは建築・土木両方で使用されますが、準拠する規準が違います。土地に固定されているもののうち、ビルや家などの屋根や柱があるものを建築、その他の橋や道路などが土木です。

建築の世界では36 MPaを超えると、土木の世界では50 MPa以上になると高強度コンクリートと呼ばれます。

超高層マンションの低層部の柱に使用されるコンクリートは、強度が100MPaを超えることも多いです。より強度の高いコンクリートの開発が続けられており、現在では**300MPaという従来の10倍以上の強度を持つコンクリートが実用化**されています。

コンクリートの強度を上げるにはいくつかの方法があります。セメントの量を増やす、水の量を減らす、あるいはその両方を行うのが基本です。より高強度を目指すなら、いい砂、いい砂利を使用することも重要です。

コンクリートは、セメントと水との化学反応によって硬化します。この化学反応はゆっくり時間をかけて進むので、時間が経てば経つほど強いコンクリートになります。硬化開始から28日で所定の強度の90％程度に達しますが、その後も少しずつ強度は増進していきます。

また、化学反応中のコンクリートを高温・高圧下に置くことでも強度は向上します。

混ぜるセメントの量が増えると、硬化する前のコンクリートの粘性が高まります。粘性とは、ネバネバ・ドロドロの度合いです。

高強度のコンクリートで建物をつくるには、このネバネバ・ドロドロしたコンクリートを、鉄筋が密に配置された型枠内に隙間なく流し込まなくてはなりません。そのため、作業環境が悪く、品質監理が行き届きにくい建設現場では、施工できるコンクリートの強度には限界があります。

超高層マンションでは柱や梁の多くが事前に工場でつくられており、建設現場で型枠に流し込むことはしません。これは建設期間の短縮もありますが、建設現場での施工が難しいからでもあります。

なぜ施工が難しくなるにもかかわらず、強度の高いコンクリートが使用されているのでしょうか。

それは、強度が高ければ、非常に細い柱でも大きな力を支えられるからです。例えば、強度を10倍にすれば、柱の断面積は10分の1でもいいことになります。柱が細くなれば、開放的で広々とした空間をつくることができます。

しかし、実際にそこまで柱を細くすることはできません。なぜなら**強さに比べて硬さはそれほどでもない**からです。

第4章でも触れましたが、コンクリートは強度を高めてもあまり硬くはなりません。一般的な強度である24 MPaのコンクリートと最強クラスの300MPaのコンクリートを比べても、硬さは2倍強にしかならないのです。壊れないからといって柱の断面積を10分の

1にしてしまうと、材料の硬さは2倍にしかなっていないので、結局、柱の硬さは通常の柱の5分の1（＝1／10×2）になります。

他の柱が1㎜しか縮んでいないのに、高強度の柱だけ5㎜も縮んでしまっては不具合の元となります。

超高強度コンクリートと鉄では、どちらのほうが強いのでしょうか。さすがに最高強度の鉄には太刀打ちできませんが、一般的に使用されているものであればいい勝負になります。

SS400と呼ばれる、建築に限らず、広く使用されている鉄があります。この材は235MPaを超える力が作用すると軟化してしまうため、それよりも作用する力が小さい場所に使用されます。

このSS400と300MPaの超高強度コンクリートとで押し合いをしたとします。途中までは押せば押すほど大きな力が加わりますが、力の大きさが235MPaに達すると、SS400が軟化してグーッと大きく変形することになります。

しかし、コンクリートは300MPaまで耐えられるので大きくは変形しません。

ついにコンクリートは鉄を超えたのでしょうか。

残念ながら、ここからが鉄の本領発揮です。鉄は軟化した後もすぐには壊れず、変形しながらも少しずつ力を発揮します。

SS400とは、400MPaまで壊れないことを表しています。大きく変形するかもしれませんが、300MPa以上の力を負担できるということです。

鉄が大きく変形したかと思ったら、その後に突然コンクリートが大きな音を立てて爆裂し、押し合いは終了となります。

コンクリートの強度の向上には目覚ましいものがありますが、まだまだ鉄にはおよびません。しかしコンクリートには、鉄にない強みがあります。形状を自由につくることができ、耐火性・耐久性に優れ、しかも安価です。

建築材料として、決して鉄に引けを取っていません。

# ＡＩ、設計する？

いろいろな分野にＡＩが進出してきています。各種メディアで「ＡＩに仕事を取られる」と喧伝されては不安も募るというものです。

建築の世界も例外ではありません。建築の設計業務を代替するＡＩの導入が、大手ゼネコンや設計事務所を中心に進められています。

人間と同等以上の知的作業ができる汎用ＡＩが実現すれば、現在オフィスで行われているような仕事の全ては代替されてしまいます。建設会社の内勤の社員は全員、現場に駆り出されることになるかもしれません。

幸か不幸か、まだそうした事態には至っておらず、もうしばらく時間がかかることでしょう。

では、汎用ＡＩが登場するまで、建築の設計者は安泰なのでしょうか。感性の要素が大きい「美」ではなく、数字で判断しやすい「強」について考えてみましょう。

過去に設計された建物の図面を引っ張り出してきて、柱と柱の間隔はこれくらい、梁の大きさはこれくらい、材料の強度はこれくらいとＡＩが覚えていく。それらの建物は、その時点では適切に設計されていたとします。

しかし、法律や規準が変わるとどうなるのでしょうか。例えば、２０１６年に南海トラフ地震についても検討するよう国土交通省から助言が出されました。

このように、検討内容に変更があった場合、建物の構造が従来と同じままではとても耐えられなくなってしまいます。今まで正しかった構造のデータが、まったく正しくないものに一瞬で変わり果てることになります。だからといって「新しいデータが蓄積するまで当社では構造設計ができません」とは言えません。

まだまだ耐震工学には未知の部分が多く、新しい発見があれば法律も変わります。こうした環境の変化にＡＩが対応できるかが問われます。

建築は施主の意向、敷地条件、予算、建築士の個性、時代背景、その他いろいろな条件によって最適な答えは変わります。どんなときにでも当てはまる答えは存在せず、常にその建物のためだけの答えを見つけることとなります。

**「これが正しい」というものがないため、AIの学習が大変**ではないかと考えられます。

意匠に比べ、構造は力学的な「合理性」により、答えのよし悪しが判断しやすいかもしれません。しかし、それは構造の一部でしかなく、デザインを成立させるためにはあえて不合理な計画にすることもあります。

柱と梁だけで構成するか、あるいは壁を組み合わせるか、意匠設計者や施主との対話なしに決定できることではありません。「こちらのほうが合理的だから」というだけではよい答えは見つけられません。

新しい材料の開発は常に進められています。また、以前からある材料でも、大量生産が可能になったり、技術革新により安価になったりして、建築の分野に新しく導入される場合もあります。従来にない強度、従来にない変形能力、こういった材料は建築の構造を変える可能性があります。

誰も経験したことがない最先端の領域になると、人工知能では難しそうです。

過去にやったこと、誰でもできることを代わりにやってくれるのがＡＩです。**新しい挑戦をし続ける限り、まだまだ人間の力が不可欠**です。

構造設計の分野において、ＡＩに職を奪われる可能性はしばらくは低いかもしれません。ただ、日々漫然と仕事をしているだけでは取り残されてしまう可能性はあります。

意匠設計者からもらう図面には、すでに柱や壁が描かれています。そこから意匠設計者の意図を汲み取り、新しい柱や壁の配置を提案していくことが大切です。安全性を高めながら、デザインも洗練させることができます。

ただ、そうしたことをせず、もらった図面の通りに解析プログラムに入力している構造設計者もいます。これではただの構造計算屋であり、解析プログラム入力屋です。とても構造設計者とは言えません。

正直なところ、そんな仕事は誰にでもできてしまいます。あっという間に自動化されてしまうでしょう。どれだけ熟練したところで、速度も精度も、人間がＡＩに敵うわけがありません。残された一部の業務をやるだけとなり、大半はお払い箱になってしまうでしょう。

そもそも、建設各社のＡＩ導入のニュースリリースを見る限り、導入の動機はルーチン的な作業の削減です。設計の全てがルーチン的だとは誰も言っていません。目的は〝クリエイティブな業務に集中できる設計環境の構築〟であり、〝ワークライフバランスの向上〟です。

ＡＩによってポジションが奪われていく、というネガティブな発想ではなく、本来の業務に集中するための力強いサポートツールとしての活用が期待されます。

# ひび割れ、治癒する

コンクリートの一番の敵はひび割れです。できるだけひびが入らないよう、いろいろな工夫がなされています。それでも完全にひび割れを防ぐのは簡単ではありません。なぜひび割れが嫌われるか。美観上好ましくないだとか、建物が重力や地震に対して変形しやすくなってしまう、といったことが挙げられます。しかし一番の理由は耐久性の低下でしょう。

ひびが入ると、そこから二酸化炭素を含んだ空気や水が染み込んできます。やがてコンクリート内部にある鉄筋まで到達し、鉄筋を錆びさせてしまいます。二酸化炭素が水に溶けると酸性の炭酸水となり、鉄を酸化（=サビ）させるからです。

錆びた鉄筋はボロボロになるうえ、膨張するので周囲のコンクリートを剥がしてしまいます。こうなっては性能の低下は免れません。

コンクリート自体は耐久性の高い材料です。鉄筋の入っていない古代ローマのコンクリートでつくられた遺跡は、2000年以上の長きにわたってその姿を止めています。

その一方で、高度経済成長期につくられた高速道路や橋などの鉄筋コンクリート造のインフラは老朽化が進み、大々的な補修や建て替えが必要となってきています。

ひび割れと、それに伴う鉄筋の錆が大きな要因の一つです。

コンクリートと鉄筋が出会ったことで、コンクリート造の可能性は格段に広がりましたが、それと同時に鉄筋という弱点を抱えてしまったことになります。

本来、鉄筋はアルカリ性のコンクリートに囲まれているので、錆びることはありません。時間の経過とともにコンクリートの表面からは少しずつアルカリが失われていきますが、それが鉄筋の入っている場所に達するまでには長い時間がかかります。

**ひび割れさえなければ、もっと耐用年数を長くできる**可能性が高いのです。

こまめに点検を行い、そのつどひび割れを補修する。口で言うのは簡単です。しかし、人口が減少し労働力が不足していく中、日本中に張り巡らされたインフラの全てに対応することは現実的ではありません。

では、**生き物がケガをしても時間が経てば自然に治ってしまうように、コンクリートも勝手にひび割れが塞がってしまう**、というのはどうでしょうか。

そんなSFみたいなことができれば誰も苦労はしないと思うかもしれませんが、実はすでに実現化されています。なんと、量産技術の確立化まで行われているのです。

もちろん、無機物であるコンクリートがひとりでにひび割れを感知し、ひび割れを塞いだりはしません。そこには有機物であるバクテリアの力があります。

このバクテリア、普段はコンクリートの中で眠っていますが、ひび割れから水や酸素が入り込んでくると活動を開始します。周囲にある乳酸カルシウムを餌とし、不要な炭酸カルシウムを排出しますが、この炭酸カルシウムがひび割れを塞いでくれるのです。

コンクリートは硬化当初は水酸化カルシウムですが、空気中の二酸化炭素と化学反応を起こし、時間の経過とともに炭酸カルシウムに変化します。そのため、コンクリートとバクテリアの排出物は同じ材料というわけです。

貝殻の主成分も炭酸カルシウムであり、生物が炭酸カルシウムを生成すること自体は驚くことではありませんが、それによりコンクリートのひび割れを修復するというのは素晴らしい発想です。

バクテリアのような微小な生物の排出物で、どの程度のひび割れを埋めることができるのでしょうか。

一般に、コンクリートのひび割れは0・3㎜以下となるよう設計されます。これよりもひび割れ幅が狭ければ水が浸入していかないとされているからです。

そしてなんと、幅1㎜までのコンクリートのひび割れは、バクテリアの作用により自動的に塞がることが確認されています。これはかなり大きなひび割れです。地震時にはもっと大きなひびが入ることも予想されますが、地震が収まった後は少し閉じるので、ある程度は塞がるかもしれません。

今はまだ、限られた用途でしか利用は進んでいないかもしれません。最初はメンテナンスが大変な土木構造物から普及していくことでしょう。しかし、バクテリアを利用した、ひび割れを修復するコンクリートの使用量が増えるにつれて、単価は下がってくるはずです。

近い将来、木造住宅の基礎にも当たり前のように使われる日が来るかもしれません。鉄筋コンクリート造の住宅が丸ごとそうなるかもしれません。建物が経年や地震によって生じたひび割れを勝手に修復するとなれば、かなり未来を感じられるでしょう。

# セメント、$CO_2$を吸う

地球温暖化防止はもう待ったなしの状況です。建設業においても早急な変化が求められています。中でも建設資材の製造は、二酸化炭素排出の大きな割合を占めます。

建物の骨組みを構成する鉄やコンクリートの製造は、産業界全体から見ても少なくない量の二酸化炭素を排出しています。

鉄の原料は鉄鉱石です。鉄を取り出すには鉄鉱石を高温で溶かす必要があり、莫大なエネルギーを消費します。

鉄鉱石は鉄と酸素が結びついた酸化鉄の塊です。酸素を取り除くために炭素を投入しますが、この炭素と酸素が結びつくことで二酸化炭素を排出します。

また、コンクリートの大半は水・砂・砂利といった自然材料ですが、それらをつなぎとめて固めるセメントの製造に、大量の二酸化炭素を排出します。セメントの主原料は石灰石ですが、そこに他の原料を混ぜ合わせた後、高温で熱する「焼成《しょうせい》」という工程が入り、ここで石灰石が持つ炭素と酸素が結びつくのです。

二酸化炭素の排出量を抑えるため、これまで鉄骨造や鉄筋コンクリート造とすることが多かった建物でも、木造とする事例が出てきました。

木材は製造時の二酸化炭素排出量が少なく、また、軽量なため、運搬も容易です。木材自体が炭素を多く含んでいることから、建物の一部として使われている間は炭素を空気中に放出せずに保持しておくことにもなります。

しかし、全ての建物を木造に置き換えることは現実的ではありません。鉄やコンクリートはなくてはならない材料です。そのため、建設業が持続可能な産業となるには、**二酸化炭素の排出量が少ない鉄やコンクリートが必要**となります。


コンクリートを構成する材料のうち、セメント以外は自然材料ですから、コンクリートに関わる二酸化炭素排出量を減らすには、セメントの使用量自体を減らしてしまうのが手っ取り早いです。

セメントに混ぜ物をするというのも一つの手です。「高炉スラグ」という鉄製造時に出てくるカスや、「フライアッシュ」という石炭火力発電所の集塵器で採取される灰があるのですが、それらをセメントに混ぜても、使い方を間違えなければ問題は起こりません。むしろうまく使えば性能の向上も図れます。

副産物的に生まれたただのカスや灰なので、コストが低く、製造に余分なエネルギーも必要ないことから、有効活用できればメリットは大きいのです。

しかし、いくらセメントに混ぜ物をしても、セメントを使う以上は二酸化炭素の排出量はゼロにはなりません。

そこで出てきたのがセメントを使用しないコンクリートです。セメントを高炉スラグなどに完全に置き換えてしまいます。セメントをまったく使用しないので、そもそもコンクリートとは呼べないのですが、他に適切な呼び名もないのでセメントゼロ・コンクリートなどと呼ばれます。

これで素材由来の二酸化炭素排出量は極限まで少なくなるわけですが、実際には山や川からの砂・砂利の運搬などのエネルギー消費は残ります。

よって、それも含めて二酸化炭素を一切排出しないようにするには、セメント製造時の二酸化炭素の排出量をゼロどころかマイナスにしなくてはなりません。

そこで、セメントの中に二酸化炭素を閉じ込めることにより、二酸化炭素の排出量をマイナスにします。

硬化直後のコンクリートはアルカリ性の水酸化カルシウム$Ca(OH)_2$ですが、空気に触れていると、中性の炭酸カルシウム$CaCO_3$に変わります。

炭酸カルシウムの化学式に含まれるCは炭素（Carbon）を意味しており、木造の建物が内部に炭素を固定するように、コンクリート造の建物も、空気に触れる表面付近は炭素を固定できるのです。

であれば、表面付近にとどまらず、**コンクリートの内部まで炭酸カルシウムにすれば大量の炭素を固定できます**。内部まで空気が入り込まないのなら、あらかじめ炭酸カルシウムを混ぜてやればいいのです。

そうしてできたのがカーボンネガティブ・コンクリートです。

どこかで排出された二酸化炭素を回収し、それから製造した炭酸カルシウムを、セメントを使わずに高炉スラグなどで固める。

これなら製造時の二酸化炭素排出はなく、また、どこかで発生した二酸化炭素をコンクリートの中に閉じ込めることができます。晴れて二酸化炭素の排出量は、ゼロどころかマイナスになります。

ビルを建てれば建てるほど、空気中の二酸化炭素が減っていく時代が来るかもしれません。ただし、鉄筋を酸から守るコンクリートのアルカリが失われるので、鉄筋の錆には注意が必要です。

## 地震、予測され……ない

検索ボックスに「地震よ」まで打ち込むと、「予知」「予測」「予言」「予兆」「予報」といったいろいろな「予」が出てきます。

実際に「地震予知」で検索すると、GPSによる地盤の観測や地殻のひび割れに起因する電磁波を利用した科学的なものから、超能力や占星術といったオカルト的なものまで、いろいろなものが出てきます。

地震が起こると、地震雲を見た、飼っているインコの様子がいつもと違っていた、というような言説が溢れます。

どうやら地震予知というのはかなり魅力的な響きを持っているようです。

ですが、実際のところ、地震発生が予知できる可能性があるのは、過去にくり返し発生し、監視体制が整備されている東海地震だけとされています。

また、「予知」という言葉を使わず、「予測」とすることが増えてきています。前もって知ること（予知）はできず、前もって推し測る（予測）だけですから、予測とするのは妥当でしょう。

加えて、地震の規模や発生時期の予測には不確実性があり、精度の高い予測方法も確立されていない、というのが国の立場です。

地震の予測には三つのポイントがあります。それは地震の①規模、②時期、③場所です。このうちのどれか一つでも予測ができないのであれば、あまり予測する意味はありません。

大地震が来るぞと言っておいて、実際には震度3程度だったら拍子抜けです。次からは備えてもらえなくなるかもしれません。地震発生の時期が違えば、それはもうすでに予測ですらありません。場所も同様です。適当に言っておけば、世界のどこかでは的中します。

建物を設計する際、地震予測は何かの役に立つのでしょうか。

例えば、巨大地震の発生確率が「今後30年で70%」という予測があるとしたら、一体どう判断すればいいのでしょうか。死ぬまでには地震が起こりそうだから強い建物に住みたい、という気持ちにはなるでしょう。

しかし、「30年」と「70%」という数値にどれだけ意味があるのでしょうか。2016年に熊本地震が発生しましたが、被害が大きかった地域の地震発生確率は非常に低いものでした。

もちろん0%ではないので起こらないわけではありませんが、発表される期間や確率は参考程度にしかなりません。起こってしまった以上、確率云々を言ってもすでに遅いのです。

地震が起こるかもしれないし起こらないかもしれない、という状況であれば、**結局地震に強い建物にするしかありません。**予測の精度が100%にならない限りは同じです。

いつ、どこで地震が起きるかはわかりません。しかし、どんな地震、つまりどのくらいの規模、どのくらいの強さの地震が発生するかはある程度予測することができます。

超高層建物の設計を行う際、「観測波」と呼ばれる過去に観測された地震動と、「告示波」と呼ばれる人工的に作成した地震動を用いて解析を行い、安全性を検証します。そしてさらに、「サイト波」と呼ばれる、建設地近傍で生じる地震を想定した地震動による検証も行います。

サイト波は、震源域から建設地周辺までを含めた広大な範囲の地盤の解析モデルを用いて作成されます。場合によっては、西日本や東日本全域をモデル化するような場合もあります。過去に観測された地震動の伝播状況から、地盤の特性を推定してモデル化がなされています。

巨大な解析モデルから得られた地震動を用いて、建物直下の地盤状況を考慮した解析も行います。

そうすることで、震源域から建設地周辺地域までの地盤の揺れ方と、建設地そのものの地盤の揺れ方、その両方の特性を組み合わせて作られた、その土地で実際に発生しそうな地震動が得られます。

「観測波」「告示波」「サイト波」を組み合わせることで、いろいろな揺れに対しても安全性が確保されるような設計がなされています。

「どんな」地震なのかを予測することは、建物の安全性を高めるうえで大きな役割を果たしています。「いつ」「どこで」が予測できなくても、**構造設計は「今」「ここで」地震が起こることを想定する**必要があります。

# 駅舎、印刷される？

建設業界の人手不足の問題が取り沙汰されて久しいです。夏の暑い日も、冬の寒い日も、職場は常に屋外です。土埃が舞い、危険な重機も動いています。決してよい環境とは言えない中、建物の竣工に向けて黙々と働く作業員の方々には頭が下がります。

できればエアコンの効いた部屋でデスクに座ってパソコンで作業する、そんな仕事に就きたいと思う若者が増えても仕方がありません。

2022年現在、全就業者における55歳以上の割合は約32％、29歳以下の割合は約16％となっていますが、建設業就業者における55歳以上の割合は約36％、29歳以下の割合は約12％と、他の産業に比べて高齢化が進んでいることがわかります。

これからさらに作業員の高齢化が進めば、いよいよ人手不足が深刻化するでしょう。

その救世主となるべく期待されているのが建設用の3Dプリンタです。建設用の3Dプリンタにもいろいろなものが開発されていますが、コンクリート構造物をプリントするものが主流となっています。ノズルの先からコンクリートを少量ずつ吐出し、何層も積み上げていくことで、大きなもの・複雑な形のものをつくり上げることができます。

ボタン一つで24時間働き続け、精度は人の手以上、放っておけば建物がプリントアウトされる、そんな時代が来るのでしょうか。

海外では、すでにいくつもの建物が3Dプリンタによってつくられています。まだ住宅規模のものが多いですが、少しずつ大きな建物にも適用され始めています。

日本でも3Dプリンタの導入が進められていますが、鉄筋による補強が必須なことや、使用する材料に制限があるなど法的な縛りがきつく、広く普及させるにはまだまだ越えるべきハードルは多いのが現状です。

そんな中、2024年5月にJR西日本が〝3Dプリンティング技術を、駅舎やその他鉄道施設の建築に応用する〟とプレスリリースしました。

住宅よりもずっと大きく、また、公共性が高い建物への3Dプリンタの適用となれば、普及に向けた大きな前進となるでしょう。

そもそも日本で3Dプリンタの建築への活用が遅れているのはなぜなのでしょうか。

先ほど「建設用の3Dプリンタからはコンクリートが出ている」と書きましたが、厳密にはコンクリートではなくモルタルです。

コンクリートとモルタル、何が違うかと言えば、砂利が入っているかどうかです。モルタルはセメント・水・砂を混ぜたもの、コンクリートはさらに砂利を加えたものです。

そして、建物の構造部分には、基本的にモルタルは使用できないことになっています。モルタルをコンクリートに替えると、砂利は粒径が大きいので3Dプリンタのノズルが閉塞しやすくなりますし、プリンティングの精度にも悪影響があります。

たかが砂利ではありますが、意外に大きな問題です。

また、**3Dプリンタを使うと鉄筋を入れるのが難しい**、という問題もあります。

基本的に、鉄筋の入っていないコンクリート造の建物をつくることはできません。鉄筋とコンクリートを適切に組み合わせた鉄筋コンクリートとすることで、はじめて建築基準法に適合した材料となるからです。

そのため、コンクリートを吐出する装置だけでは駄目で、鉄筋をポンと置いていく装置も必要になります。

しかし、これがなかなかに厄介です。鉄筋は横だけでなく、縦にも設置しなくてはなりません。ノズルから吐出されたコンクリートの薄い層をどんどん積み上げていく際、横の鉄筋はその上に置くだけで済みますが、縦の鉄筋をまっすぐ立てたまま保持しておくのは大変です。

柱や梁には大きな力が加わるため、鉄筋に鉄筋を巻き付けて一体性を高める作業も必要となります。柱と梁が接続する部分は、柱の鉄筋と梁の鉄筋が交差するので、もう鉄筋だらけでごちゃごちゃです。

鉄筋の配置が自動でできるようになるには、まだまだ時間がかかるでしょう。

地震の多い日本では、3Dプリンタでは十分な強度の建物をつくれないと思っている人も多いのではないでしょうか。確かに他の国や地域ではあまり気にならなくても、日本においては避けて通れない問題ではあります。鉄筋も入っていないようなコンクリートの建物では、不安になるのも理解できます。

ただ、鉄筋がないからと言って、即コンクリートが壊れるわけではありません。

地震によって建物の各部がズレたり曲がったりして変形すると、部分的にコンクリートを引っ張る力が作用します。

コンクリートが引っ張る力に対して弱いのは確かですが、弱いなりに多少は耐えることができます。もし作用する力が耐えられる範囲内であれば、ひび割れしません。

低層で規模が小さい建物の場合は重量が軽いので、柱や壁の負担は相対的に小さくなります。注意して設計を行えば、地震の力に対してひび割れを生じさせないようにすることは可能です。建物が中層、高層となってくると話は別ですが、戸建て住宅程度の規模であれば特に問題はないでしょう。

もっと実績が増えてくれれば、**あちこちで住宅がプリントアウトされるような日が来る**かもしれません。

## まだまだ続く建築の進化

すぐ目の前にある未来、少し先にあるかもしれない未来、そしてまだ遠い未来と、本章では建築の構造にまつわる最先端、あるいはそれよりも少し先を見据えた技術を見てきました。いくつかの技術は、想像していたよりも先を行っていたのではないでしょうか。

未知の部分が多い分野ではありますが、その解明だけでなく、新しい地平を切り開くような研究・開発が進められています。

ここで取り上げた技術は、昨日今日にポッと出てきたものではありません。比較的新しい技術もありますが、ものによっては何十年という時間をかけて少しずつ進歩してきています。

メディアで取り上げられ、スポットライトが当てられる、その結果だけを見ると華やかに見えるもしれませんが、内実はそうでもありません。これは他のどの分野でも似たようなものでしょう。

ただ一つ言えるとすれば、これらの技術開発に関わっているエンジニアや建築士たちは、楽しんでやっていることでしょう。楽しくなければなかなかやり続けられるものではありません。

建築は楽しいのです。

これから先もインパクトのある技術を生み出していくには、今の時点からたくさんの種をまいておく必要があります。そのためには、理論は一旦置いておいて、できるかできないかではなく、楽しいか楽しくないかで考えてみるのもいいでしょう。

楽しければ、建築の未来を担う優秀な若い人たちが来てくれます。

そうなれば、**まだまだ建築の進化は続くでしょうし、建築の未来も明るくなるでしょう。**

# 第 8 章

# 建築とは、最高である

# 新しい建築像

「建築」とは「強・用・美」である、とはじめに述べました。この言葉が生まれた当時も、そして2000年が経過した今も、それは変わっていないように思われます。やはりこれこそが建築の本質なのでしょう。

しかし、その2000年の間に技術は格段に進歩し、建築の複雑さは増す一方です。建築の専門家であっても、自身の専門分野以外のことはそれほど理解しているわけではありません。設計業務の分業化も進む一方で、この先も変わることはないでしょう。建築全般に関する深く広い知識が網羅された『建築について』をウィトルウィウスが一人で書き上げたこととは対照的です。

「強」と「用」に比べ、「美」は多分に感覚的です。理論的な研究がいくら進められていようとも、やはりそれは、多くの人が一目見てわかるものでなければ意味がありません。予備知識があろうとなかろうと、美しいものは美しい。複雑化し、直感的な理解を許さない「強」や「用」とは根本的に異なります。

だから建築に関する書籍の多くは「美」を取り扱いますし、建築学科にやってくる学生の多くがデザイナーを志望します。この本を手に取られた方も、おそらく「美」に関する内容を期待したのではないでしょうか。

建築が本来持つ、もっと幅広い魅力を、「強」を担う構造の観点から伝えることはできないか。それも建築を志す人たちだけではなく、一般の方にもわかるかたちで。

それこそが本書が書かれた理由です。

本書は、まるまる一冊、建築の構造に関することが書かれていますが、以下のことを意識して構成されています。

まずは構造に関する既成のイメージを壊すことを目的として、期待外れな部分や、残念な間違いを取り上げました。それまで無意識にせよ構造に対して抱いていた期待や信頼は、きれいに裏切られたのではないでしょうか。

構造のこうした側面は、これまでなかなか語られることはありませんでした。過去の建築に関する本の著者たちが意図的に避けてきたのかもしれません。

日本の建築技術と言えば、長い時間をかけて磨き上げられてきた伝統木造の匠の技や、世界最先端を行く地震対策といった輝かしいイメージを持たれがちです。どちらのイメージも間違っているわけではありませんが、実情との乖離は大きいでしょう。

次は構造のわからなさ、曖昧さ、難しさを通して、その奥深さを感じてもらえる話題を持ってきました。ダメだと思っていたことが実は意外によかったり、いいと思っていたことが実は全然ダメだったりと、予想外な部分があったことでしょう。

そして、予想は外れるから面白い。予想が外れれば外れるほど、構造という分野の奥行や広がりが増していくと言えます。予想が外れるところには何か未知の理論が隠されているからです。幸い、今後明らかにされるべき未知の理論は、まだまだたくさん残されています。

その次は、構造が魅力的な分野となるために不可欠な想像と創造の話を入れました。想像は、理論を超えたところにある建築の姿を垣間見せてくれます。建築の構造とは、数字や数式を扱うだけの無味乾燥な世界ではないのです。

そして創造は、理論を基礎としてその上につくり上げられます。まだ見ぬ新しい構造を生み出すためには不可欠です。

建築は法律に縛られている部分も多いですが、想像と創造が構造設計者の思考を自由にします。これこそが構造の本質です。

最後は集大成として、建築の構造の未来を取り上げました。近い未来も遠い未来もありますが、何かしら未来的なものを感じてもらえたでしょうか。

時間が経てば未来も過去のこととなりますが、そのころには新しい未来が姿を現してきているでしょう。

本書はここで終わります。

建築の構造に関する話題を幅広く取り上げたつもりですが、あなたの「建築」に対する常識に変化はあったでしょうか。

また、「建築」を見る目に変化はあったでしょうか。

きっとあった、と確信します。

なぜなら、本書に挙げた話題の多くは、「建築」の「け」の字も知らなかったデザイナー志望の建築学科の学生が、いつしか構造設計者になるまでに見聞きし、体験することだからです。

変わらないわけがありません。

そして、変わったうえでこう思います。

建築は楽しい。

建築は最高だ。
あなたにもそう思えてもらえたなら望外の喜びです。

大谷竜、谷原和憲：南海トラフ地震情報における災害予測情報の運用上の考え方、日本地震工学会論文集、第 23 巻、第 1 号、pp.59-78、2023

南海トラフ沿いの大規模地震の予測可能性に関する調査部会：南海トラフ沿いの大規模地震の予測可能性について、2017

武藤大介ほか：「予知」と「予測」及び類似の語に関する調査、験震時報、第 76 巻、第 3 ～ 4 号、pp.189-217、2013

国土交通省：最近の建設業を巡る状況について【報告】、2024

セレンディクスホームページ：https://serendix.com/

JR 西日本ホームページ：https://www.westjr.co.jp/

## 第 6 章：建築とは、想像と創造である

地震本部ホームページ：https://www.jishin.go.jp/

地震調査研究推進本部 地震調査委員会：長周期地震動評価 2016 年試作版 －相模トラフ巨大地震の検討－、2016

矢吹増男ほか：ポリプロピレン繊維補強コンクリートの耐火性能、日本材料学会会誌、第 51 巻、第 10 号、pp.1123-1128、2002

多田英之：免震構造と積層ゴム、日本ゴム協会誌、第 70 巻、第 8 号、pp.421-425、1997

西尾啓一：免震技術 普及の道程と今後、日本ゴム協会誌、第 85 巻、第 4 号、pp.146-149、2012

大林組ホームページ：https://www.obayashi.co.jp/

## 第 7 章：建築とは、未来である

Wikipedia「月震」：https://ja.wikipedia.org/wiki/%E6%9C%88%E9%9C%87

住友林業ホームページ：https://sfc.jp/

伊藤みろ、Andreas Boettcher：「高さ世界一」日本の先行くカナダ 18 階高層木造、日本経済新聞、2017

三誠 AIR 断震システムホームページ：https://airdanshin.co.jp/

大和ハウス プレミストドームホームページ：https://www.sapporo-dome.co.jp/

日本建築学会：建築工事標準仕様書・同解説 JASS5 鉄筋コンクリート工事 2022、2022

土木学会：2023 年制定 コンクリート標準示方書 施工編、2023

中村孝也ほか：古代ローマのコンクリート建築物の保存に関する基礎的研究、日本建築学会大会学術講演梗概集、2010

竹中工務店ホームページ：https://www.takenaka.co.jp/

大成建設ホームページ：https://www.taisei.co.jp/

国土交通省：平成 28 年 6 月 24 日 国住指第 1111 号 超高層建築物等における南海トラフ沿いの巨大地震による長周期地震動対策について（技術的助言）、2016

會澤高圧コンクリートホームページ：https://www.aizawa-group.co.jp/

鹿島建設ホームページ：https://www.kajima.co.jp/

日本建築士会連合会：令和6年度 建築士登録状況（令和6年4月1日現在）
国土交通省：建築士登録状況（令和6年4月1日時点）

## 第4章：建築とは、テキトーである

中井孝ほか：平角の目視および動的ヤング係数による強度等級区分、日本建築学会大会学術講演梗概集、1989
徳島県立農林水産総合技術支援センター旧森林林業研究所：徳島すぎの強度（上）、技術情報カード第8号、1999
日本建築学会：鉄筋コンクリート構造計算規準・同解説、2018
日本建築学会：建築工事標準仕様書・同解説 JASS5 鉄筋コンクリート工事 2009、2009
Wikipedia「構造計算書偽造問題」：
https://ja.wikipedia.org/wiki/%E6%A7%8B%E9%80%A0%E8%A8%88%E7%AE%97%E6%9B%B8%E5%81%BD%E9%80%A0%E5%95%8F%E9%A1%8C
国土交通省：姉歯元一級建築士による構造計算書の偽装があった物件、2005
TOYO TIRES ホームページ：https://www.toyotires.co.jp/
カヤバホームページ：https://www.kyb.co.jp/index.html
旭化成建材ホームページ：https://www.asahikasei-kenzai.com

## 第5章：建築とは、予想外である

池田孝生ほか：日光東照宮五重塔における懸垂式心柱の制振効果について、日本建築学会大会学術講演梗概集、1992
早川小百合ほか：五重塔は地震で何故倒れなかったのか?、日本建築学会近畿支部研究報告集．構造系、第55号、pp.337-340、2015
松本優里ほか：多層建築を高さ方向に貫く心棒の制振効果（その2）五重塔の塔身を貫く心柱による心棒効果、日本建築学会大会学術講演梗概集、2017

# 参考文献


## 第 2 章：建築とは、期待外れである

竹脇出ほか：繰返す震度 7 地震に対する建物の耐震性、京都大学アカデミックデイ、ポスター / 展示、2016

日本建築学会：2016 年熊本地震災害調査報告、丸善出版、2018

## 第 3 章：建築とは、間違いだらけである

Richard Scott（勝地弘ほか訳）：タコマ橋の航跡、三恵社、2005

Nicos Makris and Gholamreza Moghimi : Displacements and Forces in Structures with Inerters when Subjected to Earthquakes, Article in Journal of Structural Engineering, 2018

五十嵐俊一：耐震被覆による活動期の地震防災、構造品質保証研究所、2012

前田匡樹ほか：東北地方太平洋沖地震で大破した東北大学建設系建物の被害と分析、日本建築学会大会学術講演梗概集、2013

源栄正人ほか：2011 年東北地方太平洋沖地震における被害建物の地震前後の振動特性の変化、日本建築学会大会学術講演梗概集、2011

源栄正人ほか：起振機振動実験に基づく既存建物の耐震改修前後の振動特性に関する研究、日本建築学会大会学術講演梗概集、2002

源栄正人：2011 年東北地方太平洋沖地震災害調査～地震動と建物等の被害～、東北大学による東日本大震災1ヶ月後緊急報告会、2011

源栄正人ほか：東北地方太平洋沖地震における被災建物の振幅依存振動特性の長期モニタリング、日本地震工学会論文集、第 12 巻、第 5 号、pp.117-132、2012

鈴木一希ほか：東北地方太平洋沖地震で大破した SRC 造建物の被害と分析、コンクリート工学年次論文集、第 35 巻、第 2 号、pp.1105-1110、2013

志賀敏男ほか：東北大学工学部建設系研究棟における強震応答実測とその弾塑性応答解析、日本建築学会論文報告集、第 301 号、pp.119-129、1981

山肩邦男ほか：場所打ちコンクリート杭の極限先端荷重および先端荷重、日本建築学会構造系論文報告集、第 423 号、pp.137-146、1991

【著者紹介】

バッコ博士（バッコはかせ）

◉——構造設計一級建築士・京都大学博士（工学）・コンクリート主任技士

◉——耐震工学のエキスパート。専門は超高層ビルの振動制御。

◉——京都大学工学部建築学科卒業、同大学院修了。

◉——大手建設会社にて構造設計および開発業務に従事。電波塔から超高層ビルまで、免震や制振も含め、幅広い建物を担当。考案した独自の構造システムが超高層ビルに適用されている。免震・制振に関する特許出願20件超。

◉——戸建て住宅にも造詣が深く、ブログ『バッコ博士の構造塾』にて「地震に強い家づくり」のための情報を発信。読者からの相談にも応じている。

https://www.bakko-hakase.com/

◉——趣味は住宅展示場巡り。

**教養《きょうよう》としての建築《けんちく》**

2025年1月6日　　第1刷発行

著　者——バッコ博士

発行者——齊藤　龍男

発行所——株式会社かんき出版

東京都千代田区麹町4-1-4 西脇ビル　〒102-0083

電話　営業部：03(3262)8011㈹　編集部：03(3262)8012㈹

FAX　03(3234)4421　　　　振替　00100-2-62304

https://kanki-pub.co.jp/

印刷所——TOPPANクロレ株式会社

 ISBN978-4-7612-7779-6 C0030